AF340336

Couverture inférieure manquante

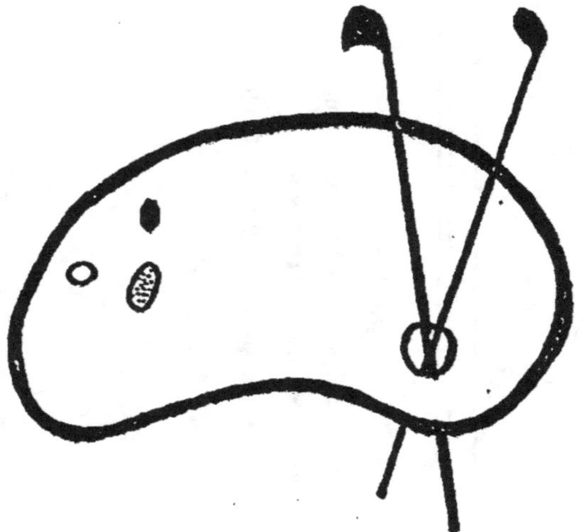
DEBUT D'UNE SERIE DE DOCUMENTS
EN COULEUR

CONFÉRENCE

DE

M. FERDINAND DE LESSEPS

A LYON

D'après la Sténographie de M. SABBATIER, Sténographe au Corps législatif.)

PARIS

IMPRIMERIE CENTRALE DES CHEMINS DE FER

DE NAPOLÉON CHAIX ET Cie

Rue Bergère, 20, près du Boulevard Montmartre

1865

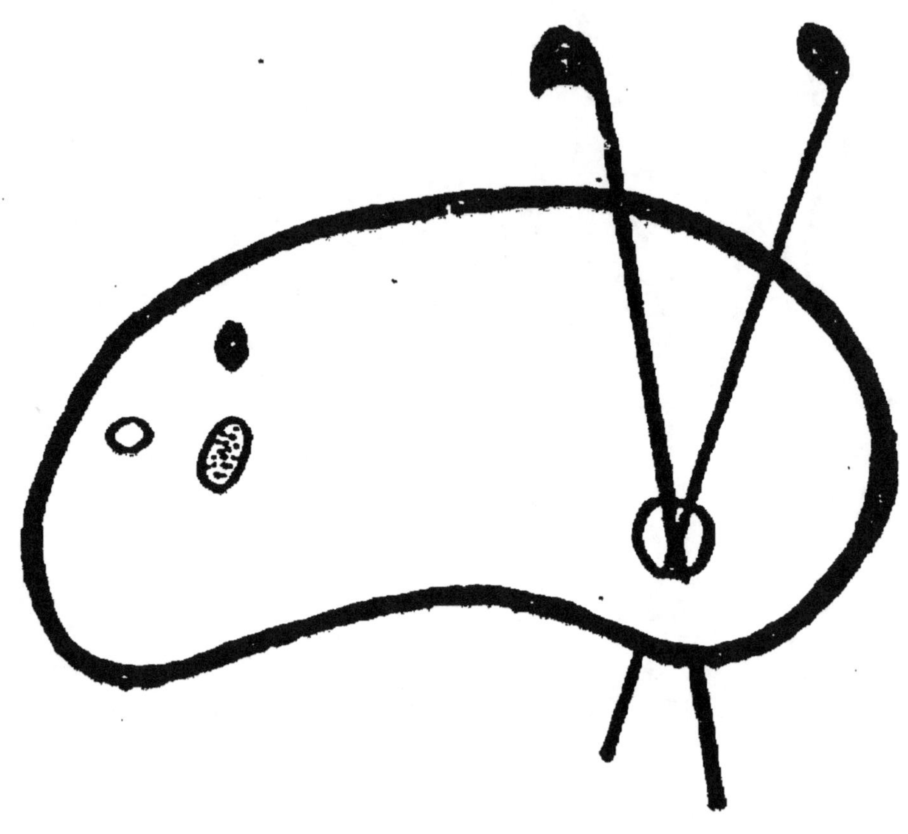

FIN D'UNE SERIE DE DOCUMENTS
EN COULEUR

CONFÉRENCE

DE

M. FERDINAND DE LESSEPS

A LYON

(D'après la Sténographie de M. Sabbatier, Sténographe au Corps législatif.)

PARIS

IMPRIMERIE CENTRALE DES CHEMINS DE FER

DE NAPOLÉON CHAIX ET Cⁱᵉ

Rue Bergère, 20, près du Boulevard Montmartre

1865

CONFÉRENCE

M. FERDINAND DE LESSEPS

A LYON.

———

A la demande de M. Germain, président de la Société d'enseignement professionnel à Lyon, M. Ferdinand de Lesseps s'est rendu dans cette ville, le 9 novembre, et y a ouvert les cours par une conférence sur les travaux de l'isthme de Suez, suivie d'un entretien avec les actionnaires, dans lequel il leur a donné toutes les explications qu'ils ont désirées.

M. de Lesseps s'est exprimé en ces termes :

Messieurs, depuis ma dernière conférence à Lyon, au commencement de cette année, deux grands faits se sont produits dans la question du canal de Suez. Le premier est la visite de l'isthme par les délégués du commerce de tous les pays ; le second est l'établissement d'un passage complet et continu entre les deux mers, démontré par le transit à travers l'isthme d'une cargaison de houille de la Méditerranée à la mer Rouge et le retour de la mer Rouge à la Méditerranée d'une autre cargaison composée de produits arabiques et indiens à destination de Marseille.

La visite des délégués a été l'attestation du caractère universel du projet, de son utilité tout exceptionnelle.

Jusque-là on n'avait jamais vu, sur l'invitation d'une Société privée, l'ensemble des corps légaux, élus du commerce du monde, nommer des mandataires pour aller au delà des mers former un congrès international dans le seul but de vérifier l'état d'avancement d'une entreprise industrielle.

Une œuvre de progrès féconde pour tous, un intérêt commun à tous, affranchis de toute pensée égoïste ou exclusive, peuvent seuls amener une pareille manifestation.

La réunion des délégués, composée de cent représentants des chambres de commerce des diverses parties du globe, a eu pour résultat de proclamer à l'unanimité la possibilité d'exécuter le canal. Elle a reconnu que cette exécution n'était plus désormais qu'une question de temps et d'argent.

Trois mois après, le télégraphe, devançant les espérances de plusieurs des délégués, annonçait qu'un convoi de houille, naviguant sans interruption sur notre canal, avait passé de Port-Saïd à Suez.

On avait ainsi la réfutation matérielle et pratique de toutes les fictions sinistres qu'on s'était appliqué à accumuler systématiquement autour du projet pour lui enlever la confiance publique, et l'arrêter dans son essor. C'était alors et c'est toujours le but que se pro-

— 3 —

posent ses adversaires. Or, quel crédit méritent pour le passé leurs arguments et leurs jugements ? Comment et à quel degré l'expérience les a-t-elle contredits ou justifiés ? Ce sera au moins un premier *criterium* pour nous aider plus tard à apprécier l'esprit et la valeur de leurs attaques présentes ou futures. Ce sera aussi un élément pour l'histoire ; car lorsque le canal de Suez sera achevé, lorsque l'on possédera la pleine jouissance de cet instrument de civilisation et de paix, il sera bon qu'à côté du grand élan d'opinion qui a soutenu l'œuvre à travers tant d'obstacles, on fasse aussi leur part à ces passions, qui n'ont cessé de lui opposer l'obstacle du dénigrement intéressé et des calculs mesquins de l'envie.

On nous disait : « le canal est une chimère, » et l'on appuyait cette allégation sur une multitude de motifs :

« La navigation et l'abordage étaient impossibles dans la baie de Péluse. Des bancs de vase agglomérée, espèce d'îles flottantes, devaient envelopper les navires et les arrêter dans leur marche. — Sous l'impulsion des vents et des courants, les sables et les apports du Nil devaient sans cesse envahir la plage.

» Toutes les constructions qu'on voudrait élever dans la rade pour former l'entrée du canal seraient englouties. Les blocs, les pierres s'enfonceraient indéfiniment, et jamais on n'en verrait paraître à la surface de l'eau. (*Revue d'Édimbourg, 1856.*)

» Le sol de l'isthme, formé en partie de vase fluide, en partie de sables mouvants, ne ferait du creusement des tranchées qu'un immense tonneau des Danaïdes.

» Si, par miracle, on surmontait les difficultés des sables et des vases, on devait rencontrer des gisements de roches infranchissables qui barreraient le chemin aux travailleurs.

» Pour les uns, le canal serait impraticable, parce que l'inégalité du niveau des deux mers le livrerait à tous les ravages de l'inondation.

» Pour les autres (Stephenson), plus au fait de l'égalité des niveaux, cette égalité devait laisser le canal à l'état de fossé desséché, stagnant, incapable de porter une barque.

» Il était insensé et inhumain de penser à former des établissements dans le désert, à le pourvoir de vivres et d'eau, à y maintenir des ouvriers. A l'appui de cette thèse on citait Hérodote et la mort de 80,000 hommes perdus par le pharaon Nécos dans sa tentative avortée du percement de l'isthme. »

De toutes ces prédictions ou objections, à l'heure qu'il est, laquelle reste debout? Pas une!

Le canal est-il une chimère? Les plus malveillants ont honte aujourd'hui de l'avoir prétendu.

Vous savez ce qu'en pense la réunion des délégués des chambres de commerce, hommes peu chimériques.

Le canal est déjà une réalité attestée par la communication établie entre les deux mers, par les premiers échanges qu'elle a inaugurés entre la Méditerranée et la mer Rouge.

C'est uniquement par des faits ou des chiffres que je vais répondre aux autres assertions que je viens d'énumérer.

La baie de Péluse était innavigable, inabordable. Or, depuis 1859, date de la fondation de Port-Saïd, jusqu'en juin dernier, la baie de Péluse a été abordée par plus de 2,000 navires qui ont débarqué dans la rade de Port-Saïd 360.000 tonneaux de matériel, d'approvisionnements, de marchandises de toute espèce, dont 100,000 tonneaux sont au compte du premier semestre de cette année. A ce mouvement de transports ont participé à peu près tous les pavillons : anglais, français, belge, autrichien, italien, russe, grec, turc, syrien, égyptien. A cette navigation ont concouru les bâtiments de toutes les grandeurs, depuis le *steamer* à hélice de 3,000 tonneaux, jusqu'à la frêle balancelle non pontée.

C'est vous dire assez, Messieurs, que durant ces six années, l'expérience s'est faite dans toutes les conditions qu'on pouvait désirer. Aucun de ces 2,000 navires n'a rencontré l'ombre des îles flottantes qui devaient les envaser en pleine mer. Tous ont abordé, mouillé, séjourné, débarqué leurs chargements, passé et repassé dans cette baie de Péluse qu'on leur disait inaccessible.

« *Les ouvrages à construire sur mer s'abimeront dans les sables, etc.* »

Dès que nous fûmes établis à Port-Saïd, notre première pensée a été de fonder un ouvrage destiné à faciliter l'abordage des barques et à nous assurer nos communications par mer. En conséquence, sur la ligne où devait s'élever la jetée de l'ouest, comme amorce de cette jetée, on résolut la construction d'un appontement partant de la plage, au pied du phare, et s'avançant vers le large jusqu'à la distance de 250 mètres. Sur cette ligne nous avons ensuite formé, dans les intervalles des pilotis qui soutenaient l'appontement, un lit de pierres perdues, et cet appontement reçut des rails qui, par le réseau des voies parcourant la ville, transportent les wagons chargés aux magasins et ateliers.

Toute cette construction, soumise aux chocs de la mer, n'a pas bronché. La fermeté du sol l'a parfaitement soutenue. Les blocs extérieurs, au lieu de disparaître, se sont revêtus de cette végétation moussue qui est le signe de leur assiette définitive, et le premier spectacle qui s'impose aux regards des visiteurs sur la plage du port est celui de cet appontement vigoureux, dominant au loin la mer à une hauteur de plusieurs mètres.

Voilà pour la fluidité des sables de la plage, jusqu'à distance de 250 mètres. Poussons au delà.

La baie de Péluse est formée par un vaste arc de cercle descendant du nord-ouest au sud-est. Son sommet, vers l'ouest, est la pointe de Damiette qui pénètre vivement au nord dans la mer; à l'est, le point de la déclivité la plus extrême est vis-à-vis des ruines de l'Éluse. C'est ce point qui dans les premiers plans avait été choisi pour l'emplacement de l'entrée du canal maritime. A côté de certains avantages, ce lieu présentait un inconvénient très grave. La pente presque insensible du fond obligeait d'aller rejoindre par deux jetées à 6,000 mètres du rivage, les profondeurs de 8 à 10 mètres nécessaires à l'entrée. C'eût été une des plus grandes, peut-être la plus grande difficulté de tout le travail; et les adversaires du projet, à l'affût de tous ses côtés plus ou moins vulnérables, n'avaient pas manqué de la signaler bruyamment.

Une étude plus complète de la côte, confirmée par le résultat des sondages, fit reconnaitre qu'en remontant à quelque distance vers l'ouest, les profondeurs voulues se trouvaient non plus à 6,000, mais à 2,700 mètres de la plage. Outre cet avantage capital, le nouvel emplacement offrait de meilleures conditions nautiques : une rade sûre, un mouillage solide, un éloignement beaucoup moindre de l'ancrage à la rive, et par son rapprochement du promontoire de Damiette une plus grande protection contre les vents du nord-ouest régnant dans ces parages pendant la plus grande partie de l'année. Cet emplacement était celui où s'élève maintenant Port-Saïd.

Or l'appontement achevé, la navigation se déve_

loppant, et, par là, le besoin se faisant de plus en plus sentir de pousser plus avant la jetée qui devait offrir aux navires, avec un plein abri, les moyens d'accoster et de se décharger, il fut résolu qu'un nouvel ouvrage serait entrepris à 1,500 mètres. En voici la description.

En face de l'appontement et toujours sur la ligne de la jetée, à la distance de 1 kilomètre 1/2 de la rive et aux profondeurs d'eau de 5 à 6 mètres, nous avons commencé par enfoncer dans le sable d'énormes pieux en fer terminés par une hélice. Loin de couler, ils s'y sont enracinés. Sur les premiers pieux nous avons établi un tillac et sur ce tillac un cabestan qui nous a servi à assujettir dans les fonds une quantité de pieux à vis assez considérable pour nous fournir une surface de 20 mètres de large sur 60 de long. Les interstices entre les pieux ont été remplis par des pierres apportées des carrières du Mex, près d'Alexandrie. Les violences de la mer n'ont nullement déplacé les enrochements. Un îlot s'est ainsi dressé au milieu des flots. Une forte grue y a été installée pour l'opération des déchargements. De nombreux navires y ont abordé, la grue y a fonctionné activement; il a été plus d'une fois assailli par la tempête : il reste immuable au milieu de la rade, et son existence date déjà de quatre ans.

Ce n'est pas tout. Entre l'appontement et l'îlot, nous avons établi une première digue submersible. Elle s'est montrée sur tout son prolongement aussi solide que l'appontement et l'îlot. En ce moment, nos entrepreneurs immergent sur cette même ligne des blocs d'un cube de 10 mètres chacun et d'un poids de 20,000 kilogrammes.

Après tous ces faits, je pense, Messieurs, avoir le droit de ranger les sables qui devaient faire disparaître nos travaux à la mer, dans la même catégorie que ces îles flottantes qui devaient, en mer, enterrer nos navires.

« Dans l'isthme aussi, les vases fluides, les sables mouvants, devaient transformer les tranchées en véritables tonneaux des Danaïdes. »

Il y a ici deux questions distinctes, et qu'il faut distinctement traiter : la question des vases, spéciale au lac Menzaleh ; la question des sables, qui se rattache à la tranchée des hauts plateaux en terre ferme.

Parlons d'abord des fameuses vases du lac Menzaleh, qui entretenaient et entretiennent encore tant de charitables espérances dans les esprits hostiles ou prévenus.

Le lac Menzaleh est un vaste bassin d'eau très-salée et très-limoneuse, d'une surface de 200 kilomètres, coupé d'îlots et de bancs de limons, bordé à l'ouest par la plaine de Damiette, à l'est par la plaine de Péluse, au nord par l'étroit cordon littoral qui le sépare de la mer, et sur une partie duquel est bâti Port-Saïd; il finit au sud à Kantara, passage de la route de Syrie.

La traversée du canal maritime dans le lac, du nord au midi ou de Port-Saïd à Kantara, est de 44 kilomètres.

Le lac Menzaleh est très-poissonneux. La pêche en est affermée par le gouvernement égyptien. Le poisson que fournissent ses eaux est aussi exquis qu'abondant. Isaïe l'appelle « le vivier des Pharaons. »

Dans l'antiquité, cet immense bassin était en grande partie livré à la culture; le lac occupait une surface moindre qu'aujourd'hui; il était alors traversé par les branches Tanitique et Pélusiaque qui débouchaient directement à la mer; mais, par l'action de la guerre, de la barbarie et de la dépopulation, les deux branches se sont oblitérées au sud du lac Menzaleh, et les eaux du Nil n'étant plus contenues dans leurs lits, se sont répandues, tandis que d'un autre côté la mer a fait irruption par les deux bouches encore existantes de Gemileh et de Tineh, à l'ouest à l'est de Port-Saïd.

Il résulte de cet état des choses que le lac Menzaleh n'est plus guère aujourd'hui qu'un marécage recouvert d'une couche d'eau qui, dans certaines parties, n'a pas plus de 10 à 12 centimètres de profondeur, avec 1 mètre de vase au-dessous.

C'est sur la base de ces faits mal connus et très-exagérés qu'on a construit l'édifice de toutes ces alarmes, propagées dans le public sur les obstacles insurmontables que nous opposerait le lac Menzaleh.

On s'écriait que le fond du lac ne pouvait pas retenir l'eau, et que dès lors sur ce point le canal devenait impossible à alimenter.

Pourtant la plus simple réflexion suffisait, avec la plus légère connaissance des lieux, pour démontrer *à priori* la vanité de cette appréhension.

Comment pouvait-on admettre que le lac ne retenait pas l'eau, lorsque, depuis qu'il existe, il a toujours eu de l'eau ?

On se hâtait d'ajouter : Ce sol instable et inconsistant ne peut permettre d'isoler le canal par des berges; elles s'effondreront sous leur propre poids, et le canal sans berges sera encombré par les inondations de vase qu'y déchargera le lac Menzaleh.

Voyons comment l'événement a justifié ces prévisions.

Il est vrai, le lac Menzaleh nous a un instant présenté une difficulté sérieuse, bientôt et à jamais surmontée. Elle consistait dans l'embarras d'enlever sous l'eau cette vase molle ou à demi liquide, pour pratiquer une première rigole capable de recevoir nos barques et nos instruments extracteurs.

Cette opération était d'autant plus urgente, que nos bateaux expédiés de Damiette, dépôt de nos approvisionnements, à travers le lac, ne pouvaient aborder à Port-Saïd; qu'ils étaient obligés d'aller débarquer leurs chargements à Gemileh, d'où, avec de grandes peines et de grandes dépenses, il fallait les transporter à dos de chameau jusqu'à la ville naissante, par le cordon littoral.

Pour exécuter les premières excavations dans le lac, travail pénible et tout spécial, il fallait des ouvriers vigoureux, laborieux, patients, et surtout acclimatés. Ces ouvriers, nous les avons trouvés dans la population du lac Menzaleh, habituée, de génération en génération, à traîner et à dégager ses filets, en marchant dans le fond vaseux, race d'origine étrangère et toute différente du fellah égyptien. J'ai décrit ici, dans une conférence précédente, par quel procédé ils étaient arrivés à leur fin. Ils recueillaient la vase dans leurs larges mains unies, la pressaient pour l'égoutter contre leur poitrine, et la rangeaient à droite et à gauche en forme de bourrelets. Par ce moyen, qu'on jugerait impraticable en Europe, et non sans avoir éprouvé par l'effet des vents et de l'agitation des ondes, des avaries toujours réparées, ils sont parvenus à créer, sur la longueur des 44 kilomètres, un chenal de 4 à 5 mètres de large. A mesure que ce chenal s'avançait et s'approfondissait, nous y avons introduit successivement des radeaux, des chalands et des dragues. Nos dragues ont continué l'élargissement et l'approfondissement : le problème de notre navigation de batelage entre nos diverses stations sur le lac était résolu.

Au-dessous des couches de vase, nos sondes et

nos dragues, ont rencontré des couches d'argile très-favorables au maintien de la cuvette du canal maritime.

Indépendamment des autres considérations qui, par le simple raisonnement, ressortent de l'état physique des lieux, rien ne peut donc être mieux démontré par le fait accompli que l'imperméabilité des terrains sur lesquels le canal traverse le lac Menzaleh.

Je passe aux débordements des vases et à la prétendue impossibilité de l'établissement et de la solidité des berges sur le canal.

Il est juste d'admettre que l'introduction des eaux bourbeuses du lac dans le lit du canal y amènerait, surtout pendant les gros temps, de fâcheuses perturbations qu'on a toutefois fort amplifiées; mais on n'a jamais pensé à le soumettre à un régime semblable. Dès les premiers travaux on s'est au contraire énergiquement occupé de l'endiguer entre deux berges consacrées à l'isoler et à le protéger contre tout envahissement extérieur.

Ces berges sont complétement achevées. Elles s'élèvent à 2 mètres au-dessus du niveau de la mer.

Cet ouvrage n'a pas été accompli sans luttes ni sans vicissitudes. Plus d'une fois, le fruit d'un labeur de semaines et de mois a été détruit par la violence des tempêtes, par l'assaut des eaux qu'elles sou-

levaient. Des fragments entiers de berges rudi-
mentaires, trop fraîches encore pour avoir acquis
toute leur cohésion, étaient enlevés, dispersés.
La ténacité des travailleurs, l'assistance des dragues réparaient promptement le dommage. Les
dragues, après avoir fouillé le sol inférieur, déver-
saient sur les bords par leurs longs couloirs les
matières extraites. On avait soin de laisser sécher
par l'action du soleil les premières couches des matières déposées avant d'y ajouter d'autres couches,
et c'est ainsi que les berges se sont successivement
élevées et maintenues sur toute la longueur du canal
maritime, depuis Port-Saïd jusqu'à l'extrémité sud
du lac Menzaleh.

Du 44e kilomètre (Kantara) au 62e (Ferdane), où
commencent les plateaux, s'étend, à la suite du lac
Menzaleh, une autre dépression qui porte le nom
de lac Ballah. Ce bassin est à sec presque toute
l'année; ce n'est qu'accidentellement que le Nil, au
moment de la crue, arrive jusqu'à lui. Il est en partie formé de gisements de plâtre que nous ex-
ploitons. Pour rejoindre les seuils où s'ouvrent les
tranchées, nous avions à prolonger l'endiguement à
travers cette dépression de 18 kilomètres. Mais si les
berges avaient été formées des matériaux exclusive-
ment fournis par ce sol gypseux, les premières
épreuves attestaient qu'elles étaient exposées à de
graves atteintes par la décomposition du plâtre,
en contact continuel avec le courant et le clapote-

ment des eaux. Il a été paré à ce danger au moyen des terres et des sables empruntés à des terrains avoisinants. Ce travail terminé s'est maintenu et se maintient parfaitement.

Les berges endiguant le canal, de la mer au pied des seuils, ont donc une longueur de 62 kilomètres. Elles l'enserrent, dans toute sa largeur définitive, c'est-à-dire en sortant de Port-Saïd, sur une largeur de 100 mètres, qui varie ensuite de 60 à 80 mètres. Plusieurs points offrent déjà le spectacle du chenal recouvert d'eau dans toute sa largeur.

Certes, si le sous-sol présentait la moindre inconsistance ou la moindre mobilité, il aurait cédé sous la pression d'une double levée de plus de 15 lieues de long; loin de là, les berges servent de route aux voyageurs, et de chemins de halage pour les trains de bateaux. Le procédé employé pour les élever et que je vous décrivais tout à l'heure, leur a donné tant de solidité qu'elles sont, pour ainsi dire, macadamisées. Le soleil en a fait une masse compacte.

Ce n'est là pourtant qu'une partie des épreuves auxquelles la solidité de ces berges a été soumise. Port-Saïd, bâti sur un banc de sable entre la mer et un lac salé, Port-Saïd, où il a fallu tout créer, même le sol, Port-Saïd, où l'eau douce n'arrivait qu'apportée de 15 lieues dans des citernes flottantes, et qui souvent, pour échapper à la soif, était forcé de recourir à ses machines distillatoires, Port-Saïd réclamait une alimentation plus sûre, plus régulière, plus abondante pour la consommation de ses 6 à 7,000 habitants. C'était pour notre premier établissement, se développant si rapidement, une question de vie ou de mort. Aussi, dès que, par le canal d'eau douce, les eaux du Nil eurent atteint Timsah, nous empressâmes-nous d'aviser à l'approvisionnement de notre port méditerranéen. En vertu d'un marché passé avec un entrepreneur, M. Lasseron, un château d'eau, muni de puissants appareils élévateurs, fut construit sur l'un des sommets du seuil d'El-Guisr, le plus rapproché du canal d'eau douce. De cette hauteur une forte conduite en fonte, longue de 80,000 mètres, alla porter et distribuer l'eau à toutes nos stations du désert et des lacs, El-Guisr, Ferdane, Kantara, Ras-el-Ech, et enfin Port-Saïd.

Si les berges sur lesquelles reposent les tuyaux s'étaient affaissées, les tuyaux se seraient disjoints et l'eau aurait manqué à Port-Saïd.

Depuis 1863, la conduite fonctionne avec un plein succès, le désert a de l'eau, Port-Saïd est abreuvé; les berges servent toujours aux voyageurs, aux indigènes, aux bêtes de somme, aux animaux de trait, et, au lieu de s'effondrer, leur assise gagne de plus en plus en solidité.

Les berges finies, le chenal contenu entre les deux digues, nous n'avons plus à utiliser pour leur construction les produits des dragages qui nous restent à accomplir. Nous n'avons plus qu'à nous en débarrasser en les rejetant au loin. Pour cela, nous avons deux récipients, la mer et le lac Menzaleh. Pour les déblais portés à la mer, nous avons des steamers spéciaux à clapets, dits *hopper-barge*, venant prendre leur charge sous les couloirs des dragues, la laissant échapper à volonté par un mécanisme particulier, et destinés à aller noyer ces matières au large. On a calculé que lorsque le dragage aurait atteint tout son développement, la passe de Port-Saïd serait franchie toutes les cinq minutes par l'un de ces vapeurs à clapets. Ils ont déjà commencé à fonctionner.

Pour le lac Menzaleh, le procédé est tout autre. On a installé sur les berges de puissantes grues échelonnées de distance en distance; elles pèsent chacune 30 tonnes ou 30,000 kilogrammes. Elles reposent sur deux forts plateaux en fer munis eux-mêmes de rails sur lesquels elles peuvent marcher dans toute la largeur de la berge. Avec leurs grands bras, elles saisissent et enlèvent dans les chalands-porteurs les caisses remplies des produits des excavations, et, se mettant en marche vers l'autre côté de la berge, vont les déverser du côté du lac.

Mais ce procédé employé jusqu'à présent, devenant insuffisant, et nos ingénieurs ayant décidé de ne pas donner aux berges de la traversée des lacs une hauteur plus grande que 2 mètres, les entrepreneurs de travaux vont employer de nouveaux appareils élévateurs et des wagonets roulant sur des rails mobiles, pour déverser à une plus grande distance les produits des dragages.

Eu résumé, lorsque cet endiguement a supporté sans broncher son propre poids pendant plusieurs années, celui du halage et du passage, celui de ces instruments de 30,000 kilogrammes soulevant de lourds fardeaux et manœuvrant à son sommet, lorsque l'adhésion et le parfait fonctionnement de la conduite d'eau a, sur la longueur de ses 62 kilomètres, montré que la berge n'avait subi aucun affaissement, je vous laisse à juger ce que vous devez penser de cette affirmation qu'au lac Menzaleh le canal n'était pas endigable, et que ses berges s'effondreraient à la première tentative qu'on ferait pour les ériger.

Après les vases venons aux sables.

Le seuil d'El-Guisr nous réservait, disait-on, les surprises les plus désastreuses. Comment pourrions-nous creuser, au milieu des dunes, des tranchées de près de 30 mètres de profondeur? Ces montagnes mobiles, désagrégées par la pioche, secouées par le khamsin, s'écrouleraient sur nos têtes. Les ouviers seraient engloutis dans les tourbillons des sables coulants. Pourtant, le seuil d'El-Guisr, sinon dans toute sa largeur, du moins dans toute son étendue, est percé depuis trois ans. Pas un accident n'y est survenu.

A travers cette coupure, les eaux de la Méditerranée ont pénétré jusqu'au lac Timsah.

Dans la vallée, entre le lac Timsah et notre station de Toussoum, nous avons endigué le canal à toute largeur et nous l'avons creusé à 3 mètres au-dessous du niveau de la mer.

Entre Toussoum et les lacs Amers, nous avons commencé la tranchée du Sérapéum. Ce seuil est, après El-Guisr, le plus élevé de l'isthme; sa plus grande hauteur est de 10 mètres au-dessus du niveau de la mer. Au Sérapéum comme à Toussoum, le travail a été facile. La sonde n'a signalé que des sables consistants.

D'ailleurs il est bon que vous le sachiez; ces sables du désert sont plus imperméables et plus résistants que les terrassements en terre.

Après le vaste bassin des lac Amers que la mer Rouge viendra remplir, nous avons pour dernière étape la plaine de Suez. Cette plaine a 10 lieues. Elle est unie et basse. Elle a cependant une hauteur de quelques mètres à son entrée au nord, à Chalouf-el-Terraba, dont la percée est dès à présent fort avancée.

Des chantiers s'organisent en ce moment pour attaquer avec vigueur, sur toute sa largeur et toute sa profondeur, la tranchée entre Suez et Chalouf-el-Terraba.

Les nombreux sondages que nous avons pratiqués nous donnent la certitude que le terrain est, dans cette section, semblable à celui que nous avons rencontré dans toutes les autres parties fermes de l'isthme, sauf pourtant un banc de roches, le seul obstacle sérieux en ce genre que nous ayons trouvé sur toute la ligne du canal, et dont je vous entretiendrai tout à l'heure.

Il n'existe pas plus de sables coulants dans l'isthme que de vases sans fond dans le lac Menzaleh.

Toutefois, avant de quitter le sujet qui m'occupe, je suis obligé, pour ne rien omettre, d'ajouter quelques mots.

On disait : Si le canal n'est pas enfoui par un cataclysme souterrain, il périra par un phénomène aérien. S'il échappe aux sables coulants, il n'échappera pas aux sables volants. Le khamsin, trombe sèche du désert, le comblera sans remède. Ici encore le fait s'est inscrit en faux contre ces suppositions. Le vent terrible du sud-ouest souffle tous les ans plusieurs fois dans le désert. Il a beaucoup soufflé dans ces trois dernières années au-dessus du canal maritime. Cependant le bon état de conservation du chenal et sa navigabilité viennent encore d'être certifiés par le transit du dernier convoi.

La vérité est que ces ouragans n'exercent une certaine action envahissante que sur quelques localités de la ligne. Nous en avons la preuve dans la configuration même de l'isthme. En effet, sur 160 kilomètres, total de son étendue, plus de 100 kilomètres sont occupés par quatre vastes dépressions au-dessous du niveau de la mer, les lacs Menzaleh, Ballah, Timsah et les lacs Amers. Le mouvement des sables aériens ne les atteint donc point, sinon ils seraient remplis depuis des siècles. Quelle est la cause de ce fait peu compréhensible au premier aspect ? Je dois vous la dire, car elle est le nœud de toute mon explication.

Les vents déchaînés, en rasant le terrain, détachent les surfaces sablonneuses. De ces sables détachés, la partie la plus lourde ne quitte pas le sol; une seconde partie, moins pesante, un instant soulevée, retombe par son propre poids, et la troisième, la plus fine et la plus légère, est saisie par le tourbillon et emportée au haut des airs. Les deux autres parties, poussées par le vent, roulent et cheminent jusqu'à ce qu'elles rencontrent un obstacle quelconque qui les arrête, et autour duquel elles s'amoncèlent : une pierre, la plus humble touffe de végétation, une broussaille. Je me suis moi-même bien souvent arrêté pour considérer ces monticules sablonneux qui entourent invariablement chaque pied de tamaris dans le désert.

Sur la lisière des bassins, l'humidité a fait croître des végétations autour desquelles les sables voyageurs se sont accumulés et ont, par l'effet des apports séculaires, formé des dunes.

Quant aux sables assez légers pour s'élever dans les airs, poussés par un vent impétueux, ils vont s'arrêter à la chaîne des dunes qui forment la frontière naturelle de l'Egypte et de la Syrie.

Pour préserver les plateaux des invasions des sables voyageurs, notre procédé dès lors a été tout trouvé; nous n'avons eu qu'à imiter la nature. Notre point le plus menacé était le seuil d'El-Guisr. Les déblais de la tranchée formés de chaque côté en cavaliers sont devenus de véritables dunes artificielles, et remplacent avantageusement les obstacles où viennent expirer dans les terrains bas les empiétements sablonneux. La tranchée d'El-Guisr, comme l'événement l'a constaté, est complétement à l'abri des sables.

Nous agissons de même au seuil du Sérapéum. Quant au petit nombre des parties plus basses exposées aux mêmes inconvénients, nous les défendons par des haies sèches ou des clayonnages qui ont parfaitement réussi, en attendant la croissance des semis que nous nous attachons à développer partout où ils sont utiles et qui, dans peu d'années, compléteront les gages d'une sécurité qu'aucun accident sérieux n'a du reste troublée.

Cependant nous ne sommes pas encore au terme de nos tribulations. Si nous n'avions à redouter ni les sables de la mer, ni les sables de la terre, ni les sables de l'air, ni les vases des lacs, nos lugubres prophètes gardaient une réserve : des murs de rochers insurmontables devaient barrer le passage aux travailleurs.

Nous connaissons bien aujourd'hui le terrain de l'isthme; pendant huit ans nous l'avons exploré, fouillé, sondé en quelque sorte pied à pied. Sur toute la ligne du canal maritime jusqu'à Chalouf-el-Terraba, à 138 kilomètres de la Méditerranée, nous n'avons

pas trouvé un banc de roche. Je me trompe, je cite
pour mémoire, et en même temps comme curiosité
géologique, la découverte d'un mince gisement de
grès friable dans la tranchée d'El-Guisr, très-peu au-
dessus du niveau de la mer. Ce banc fut peut-être
l'écueil autour duquel vinrent s'agglomérer les premiers atterrissements qui, en s'étendant, déterminè-
rent la séparation des deux mers ; car, dans ma profonde conviction, elles étaient unies dans les temps
primitifs, et notre œuvre se borne à rétablir, par la
main de l'homme civilisé, l'œuvre première de la
nature.

Cependant, dans le premier tracé du canal maritime, entre la tranchée de Chalouf-el-Terraba et Suez,
on avait reconnu un banc de roche ; mais il a été
également reconnu à la suite des nombreux sondages, qu'en portant un peu plus à l'est la ligne du
canal, on trouvait un terrain complétement favorable.

Il faut donc aussi renoncer à l'argument *in extre-
mis* des bancs infranchissables.

Je ne vous arrêterai pas longtemps sur les objections relatives au niveau des deux mers. Leur
égalité est aujourd'hui avérée, incontestée; mais
avant que ce fait eût été mis hors de contestation,
on ne saurait croire tout ce qu'on a remué de res-
sorts pour émouvoir les esprits ignorants. On racon-
tait que la mer Rouge submergerait l'Égypte, chan-
gerait le niveau de la Méditerranée et inonderait ses
rivages. J'ai reçu moi-même des mémoires établis-

sant que le canal de Suez nous menaçait d'un nouveau déluge.

Par contre, d'autres autorités, mieux instruites de la vérité sur les niveaux, soutenaient la thèse opposée. Au lieu d'avoir trop d'eau, le canal n'en aurait pas du tout. Il ne parviendrait pas à faire flotter un bateau. Nos bateaux de 50 tonneaux flottent, ils traversent l'isthme, ils remontent dans la mer Rouge, les eaux de la Méditerranée couvrent le lac Timsah. Cependant je ne serais pas étonné qu'en Angleterre, où l'infaillibilité scientifique de M. Stephenson était presque un article de foi, beaucoup de personnes restent convaincues que le canal est et doit être un fossé stagnant. On a tant de peine à ne plus croire ce qu'on désire !

Enfin nous nous compromettions dans l'entreprise impraticable de former des établissements dans le désert, d'y créer des ressources, d'y amener de l'eau, d'y nourrir et d'y abreuver des milliers d'ouvriers entraînés à une mort inévitable, par la faim, par la soif, par l'insalubrité du climat, par les exhalaisons des terres remuées. Notre témérité inhumaine marchait sur les traces du tyran Nécos.

Le désert, à cette heure, est sillonné de nos établissements, Suez, Chalouf, Gjebel-Geneffé, le Sérapeum, Toussoum, El-Guisr, Ferdane, Kantara, Raz-el-Ech.

Nous y avons construit deux villes; nous les avons peuplées, l'une de 3,000, l'autre de 6 à 7,000 habitants. Nous y avons fécondé les sables, répandu des cultures, amené des cultivateurs; nous y avons conduit un fleuve d'eau douce de l'ouest à l'est, de Gassassine à Timsah, du nord au sud, de Nefiche à Suez, où nous avons porté l'abondance, le bien-être, l'irrigation, la végétation, tous les éléments qui manquaient au progrès de sa richesse matérielle. Nous avons distribué les eaux du Nil à tous les autres points de l'isthme.

Nous y avons alimenté et entretenu des armées de 20,000 travailleurs. Nous avons veillé à leur santé. Nous avons organisé pour elles des ambulances, des hôpitaux; tout un service médical. Nous avons pu constater par les résultats les plus inespérés la salubrité de l'isthme. Nous avons confondu les citateurs de Nécos. Nous avons prouvé par nos statistiques médicales que la mortalité était moindre dans cette armée pacifique que dans les ateliers européens et dans les garnisons françaises. Dans ces solitudes d'hier se dressent de toutes parts de vastes ateliers rivaux de ceux de l'Europe. Le désert retentit du bruit des outils, des sifflements de la vapeur, du roulement des wagons sur les rails. Le désert est soumis et vaincu. Cette tâche n'était point facile à remplir. Nous pouvons excuser les timides ou les malveillants qui la jugeaient impossible; mais c'est à condition qu'ils ne poursuivront plus de leurs clameurs et de leurs rancunes ceux qui l'ont accompli.

Certes, après de si nombreux échecs, on était en droit d'espérer que l'opposition, des deux côtés du détroit, se montrerait plus circonspecte. Elle est en effet plus réservée sur les bords de la Tamise. Elle se sent désarmée. Mais, chose triste à dire, dans les régions d'une certaine presse, et sur les rives de la Seine, l'opposition semble redoubler ses efforts.

Les adversaires du canal sont de deux sortes : les politiques et les agioteurs. Parmi les opposants politiques, les uns, se croyant intéressés à maintenir la torpeur et l'immobilité traditionnelles dans l'Orient, s'effarouchent à la pensée de le mettre en contact plus immédiat avec l'influence civilisatrice de l'Europe. Les autres craignent de voir enlever à l'Angleterre le monopole du commerce et de la navigation dans les mers asiatiques, et de placer en même temps l'Égypte dans une situation de neutralité qui la garantirait de toute ambition conquérante.

Les agioteurs ne peuvent nous pardonner de n'avoir pas sacrifié sur leur autel, d'avoir constitué sans leur coûteux intermédiaire le capital social, et d'avoir soustrait à leurs manipulations l'affaire la plus grande et très-probablement la plus fructueuse du siècle. On a entendu un de ces hommes, regardant notre tracé sur une carte exposée en public, murmurer avec un soupir : Voilà un canal qui roulera de l'or ! Vous comprenez s'ils désirent le tenir dans leurs mains.

L'intérêt politique voudrait empêcher l'exécution du canal. L'intérêt agioteur qui de tout temps a pour devise : « Ma patrie, c'est ma bourse, » et qui faisait de la hausse à la nouvelle du désastre de Waterloo, se coalise avec la passion politique dans l'espoir de se substituer à la Compagnie actuelle.

Le parti agioteur travaille de tous ses efforts à désorganiser les actionnaires, procédé que lui avait du reste enseigné le parti politique. Lord Palmerston, au moment où s'ouvrait la souscription, criait aux capitalistes anglais : « C'est une intrigue et une mystification déshonnête ; n'entrez pas dans la Compagnie ! »

On crie maintenant à Paris aux capitalistes français : C'est une détestable affaire ; hâtez-vous de vendre vos actions, et sortez de la Compagnie.

Pour cela on n'épargne aucun moyen. Chacun de nos succès surexcite l'acharnement de l'attaque. On agiote à la Bourse, on multiplie les articles, on les expédie au domicile des actionnaires, on imprime, on colporte toute espèce de faux bruits et de fausses nouvelles, on sème les alarmes, on menace de ruine les capitaux engagés, en un mot il faut à tout prix *couler* l'affaire, c'est le terme du métier, afin de la *repêcher* en eau trouble. (Oui, oui, c'est cela ; voilà le bout de l'oreille. — Vifs applaudissements.)

Cependant quels sont les arguments de nos adversaires ?

Parcourons rapidement cette seconde série d'hypothèses : toujours des hypothèses.

On a commencé par demander et par obtenir, sous
prétexte de philanthropie, la suppression du travail
obligatoire réglé et payé dans l'isthme de Suez. On
ne craint pas maintenant de démasquer la véritable
pensée de cette philanthropie. Le travail libre pour
les fellahs, on ne s'en inquiète plus ! On avait
tout simplement calculé que, privé du concours
des vingt mille hommes formant le contingent
égyptien, le canal ne pourrait plus se faire; que jamais nous ne remplacerions cette masse de travailleurs, et, en conséquence, on cherche à persuader au
public que le canal ne pourra pas s'achever par
suite de la suppression du travail obligatoire.

Encore un démenti infligé par le fait. Les ouvriers
ne manquent pas et ne manqueront jamais dans
l'isthme. Ils y affluent du Piémont, des Calabres, de
la Toscane, de l'Adriatique, de la Dalmatie, des îles
de l'Archipel grec. D'après mes plus récentes lettres,
ils continuaient à débarquer à Alexandrie par cen-
taines.

Nous avons dû forcément combler dans une très-
grande mesure, par le développement des instruments mécaniques, le vide que nous imposait le défaut des bras du contingent. Il fallait du temps pour
parer à ce bouleversement dans tout notre système de
travail, pour faire exécuter les commandes d'un immense matériel, pour organiser toute une installa-

tion nouvelle. On nous a fait un crime du délai que nous avons été contraints dè subir et qu'on a soi-même provoqué.

On prétend que le canal, si on réussit à l'achever avec une dépense double au moins du capital social et après un délai indéfini, ne donnera pas de revenus suffisants pour rémunérer l'entreprise.

C'est toujours, vous le voyez, le même système de suppositions et de prédictions hasardées, d'autant plus commodes qu'elles n'ont à compter qu'avec les événements futurs. Voici cependant les réponses.

Naturellement l'emploi du travail libre substitué au travail obligatoire causera un accroissement dans le prix de la main-d'œuvre. C'est pour cela que la sentence impériale nous a alloué de ce chef une indemnité.

Nos traités avec nos entrepreneurs sont des marchés fermes, déterminant les sommes que nous aurons à payer à chacun d'eux. L'ensemble de ces sommes est au-dessous de l'actif disponible ou réalisable que possède la Compagnie.

Ces marchés fixent également l'époque où les entrepreneurs doivent nous livrer leurs travaux, et tout retard dans cette livraison nous est garanti par une pénalité de 500,000 francs pour chaque mois.

Quant aux revenus du canal, sans consentir à opposer hypothèse à hypothèse, consultons les faits.

Si pour un chemin de fer reliant dans le même État

des villes à d'autres villes, par exemple Marseille, Lyon et Paris, on ne craint pas de dépenser 4 et 500 millions, et, si cette entreprise donne des bénéfices manifestes, peut-on hésiter à compter sur la rémunération d'un capital beaucoup moindre consacré à ouvrir une route maritime qui va mettre en communication 300 millions d'Occidentaux avec 700 millions d'Orientaux?

La richesse des peuples commerçants a toujours eu pour base leurs rapports avec l'Orient.

Le tonnage total du commerce britannique s'est élevé en 1863 à 32 millions de tonneaux, et les échanges avec l'Inde, la Chine, la côte orientale d'Afrique, sont entrés dans ce mouvement pour 5 millions de tonneaux. Notez que je ne parle ici que de l'Angleterre, et que je ne porte pas en ligne de compte la France, la Russie, les Pays-Bas, l'Italie, l'Espagne, le Portugal, les Etats-Unis, dont la marine à elle seule peut lutter avec celle de l'Angleterre.

Or, lorsqu'une seule puissance européenne a eu un mouvement de navigation de 32 millions de tonneaux, quel développement ne promet pas aux rapports entre les deux hémisphères une voie qui abrége le trajet de moitié!

Quand, il y a trente ans, on se mit à s'occuper de construire des chemins de fer, les estimations qu'on présenta sur leur rendement probable furent considérées par beaucoup d'esprits comme d'intolérables exagérations. Aujourd'hui elles sont dépassées de 1 à 1,000, et c'est maintenant un axiome économique que la diminution du temps et de la dépense donne aux affaires un élan dont il est difficile d'avance d'obtenir un calcul exact.

Lorsque, il y a onze ans, j'évaluais approximativement le mouvement de la navigation à travers l'isthme à 3 millions de tonneaux, nous n'avions pas fait cette expédition de la 'Chine, dont j'ai eu l'honneur de voir ici l'illustre chef. La glorieuse campagne du général de Montauban, non moins extraordinaire que celle de Fernand Cortez, sera encore plus féconde en résultats. (Applaudissements.)

J'étais certes bien modeste en 1854, en évaluant à 3 millions de tonneaux la navigation transitant par l'isthme. Après les immenses progrès que nous constatons tous les jours dans la navigation, entre l'Orient et l'Occident, je serai encore bien au-dessous de la vérité en portant aujourd'hui ce chiffre à 6 millions de tonneaux. (Assentiment.)

Les journaux qui ont pour système de prouver que nous nous ruinons, présentant comme actuel, non sans le torturer, mon chiffre primitif de 3 millions de tonnes, après avoir exagéré toutes les dépenses d'entretien, rabaissé naturellement tous les éléments des recettes, sont pourtant réduits eux-mêmes à confesser que, selon toutes leurs données, qu'on n'accusera point de partialité pour nous, la rémunération des capitaux engagés serait encore de 8 1/2 0/0.

Je maintiens mon évaluation actuelle de 6 millions de tonneaux comme la plus modérée possible. Je

maintiens que ce chiffre grandira chaque année ;
mais, en admettant même toutes les réductions qu'on
veut nous faire subir pour le besoin de la cause, je
ne trouve pas qu'un revenu de 8 1/2 0/0 soit un si
mauvais placement. (Rires approbatifs.)

Que l'opinion publique ne se laisse donc pas en-
tamer, que les actionnaires ne se laissent pas dés-
unir, là est le seul danger de ces manœuvres. Re-
marquez bien que ceux qui s'y livrent sont forcés
de dissimuler leur but et qu'ils savent bien qu'ils
ne pourraient l'avouer sans se perdre, sans soulever
contre eux la conscience publique. Ils nous expri-
ment la plus tendre sollicitude et les meilleurs sentiments. Ils viennent à votre secours. Il faut sauver
le canal. Ils prétendent surtout vous sauver vous-
mêmes, que vous le vouliez ou que vous ne le vouliez pas.

Tout cet étalage de sentiment est bien usé et à
coup sûr personne ne s'y trompera. C'est vieux
comme l'hypocrisie. On embrasse pour mieux
étouffer.

Mais je veux vous donner une preuve palpable de
ce qu'il y a au fond de ces tendres paroles.

La Compagnie possède dans la sentence impériale
un titre souverain et sans appel, à l'abri de toutes
contestations. Un de ces sauveurs dont je vous par-
lais, recommandait dernièrement à notre gouvernement de ne plus s'occuper de la question, et de laisser
la sentence et la Compagnie à elles-mêmes ; en d'au-

tres termes, de les livrer sans défense à l'ennemi. Voilà comment ces gens entendent vous sauver. (Applaudissements bruyants.) Voilà comment ils entendent la dignité de l'Empereur. (Bravos prolongés.)

Que faire pour répondre à une malveillance dont je n'ai pas à rechercher la source? Marcher, persévérer, en hâtant autant que possible le résultat final, le grand but de tous nos efforts, ne point se commettre dans des polémiques sans bonne foi, et, le jour où elles dépasseraient toutes les bornes, défenseurs de vos intérêts, remplir notre devoir en les livrant aux appréciations de la justice.

On m'accuse quelquefois d'être enthousiaste. Messieurs, j'ai ce que vous avez tous, du cœur! (Applaudissements.) Je ne me décourage pas, je ne m'arrête pas, parce que des obstacles se présentent. (Très-bien! très-bien!) Rien ne doit paraître impossible, lorsqu'on peut compter sur l'appui de la nation française, et de tout ce qu'il y a d'intelligent et d'honnête dans le monde. (Bravo! Bravo! Applaudissements redoublés.)

Quant aux travaux encore considérables qui nous restent à exécuter, la question, je vous l'ai déjà dit, se résume en quelques mots : Nous avons traité avec des entrepreneurs solides, sérieux, expérimentés, qui ont fait leurs preuves. Nos contrats leur fixent les termes où ils devront les avoir achevés. Ils les ont acceptés. Le monde entier a les yeux sur eux et sur nous. Je ne crains pas d'exprimer la ferme confiance qu'ils tiendront leurs engagements, et leur position comme leur honorabilité ne permet à personne d'en douter.

Après ce tableau fidèle et vrai de notre situation, je suis prêt, Messieurs, à vous donner toutes les explications que vous auriez à me demander.

Tant d'erreurs, tant de fables, tant de calomnies ont été semées dans le public, qu'elles pourraient avoir laissé des traces dans quelques esprits. En ce cas, je serais très-heureux d'avoir l'occasion, soit de les effacer, soit de jeter quelque lumière sur des points que je n'aurais pas touchés ou qui seraient restés obscurs (Très-bien ! très-bien !)

Un membre. — Pourriez-vous nous dire où en est l'affaire du firman ?

M. de Lesseps. Je n'aurais pas provoqué la question ; elle surgit : je vous dirai tout ce que je peux vous dire.

Le firman était justement le point sur lequel on s'était appuyé pour nous faire passer sous les fourches caudines de la politique. « Si, disait-on, vous êtes d'accord avec le vassal, vous ne l'êtes pas avec le suzerain. A votre acte de concession est annexé un court rescrit indiquant que les travaux ne seront commencés qu'après que le vice-roi en aura obtenu l'autorisation du sultan. »

Les rôles dans ce rescrit étaient parfaitement définis. — Le vice-roi devait obtenir l'autorisation du sultan, il s'en chargeait. La Compagnie ne devait recevoir que l'autorisation du vice-roi. Elle n'avait pas en effet à s'immiscer dans les relations entre les deux gouvernements. La Compagnie, quant à elle, était en règle du moment qu'elle avait l'autorisation du vice-roi.

A ce sujet, je dois faire observer qu'il ne s'est jamais agi d'un *firman*, dans son acception ordinaire. On a pris ce mot turc, parce qu'il en fallait un pour exprimer la déclaration par laquelle la Porte formulerait son autorisation ; mais la forme de cette autorisation n'était pas déterminée.

Au moment où j'ai obtenu la concession du vice-roi, j'étais d'accord avec la Porte Ottomane ; rien ne pouvait me faire prévoir une difficulté. Avant de procéder à l'organisation financière, je faisais étudier avec soin toutes les questions d'exécution, afin de présenter au public un projet suffisamment mûri.

Dans l'intervalle, le vice-roi me chargea d'aller m'entendre en son nom avec Constantinople. Arrivé dans cette ville, je m'expliquai de sa part au sujet de son rescrit, et je trouvai le gouvernement de la Porte disposé à donner immédiatement l'autorisation. C'est alors que lord Stratford de Redcliffe, ambassadeur d'Angleterre, dont l'influence était toute-puissante auprès du divan, obtint un délai, sous prétexte d'attendre les instructions de son gouvernement.

Je fus reçu par le sultan comme directeur de

l'entreprise, ce qui atteste que, du côté de la Sublime Porte, il n'y avait pas d'objection.

A mon départ de Constantinople, j'obtins du grand vizir une lettre pour le vice-roi, dans laquelle il exprimait toutes ses sympathies à l'égard du canal dont l'utilité était explicitement reconnue par le gouvernement ottoman. C'était bien là un encouragement donné au vice-roi pour l'engager à poursuivre l'entreprise qu'il m'avait confiée.

Après les études préparatoires, après la rédaction et la publication de l'avant-projet, j'organisai en France la Commission scientifique internationale qui devait arrêter définitivement les plans et les devis.

En 1856, les délégués de la Commission se rendirent en Égypte pour résoudre sur les lieux les diverses questions que leurs collègues leur avaient donné la mission d'examiner. Je publiai les procès-verbaux de leurs délibérations. J'entretins de mon projet plusieurs hommes d'État étrangers, notamment le prince de Metternich et lord Palmerston lui-même. Puis, sur l'invitation du vice-roi, j'allai de nouveau à Londres, et je constatai, en parcourant l'Angleterre, l'Irlande et l'Écosse, que l'opinion publique n'était pas d'accord avec l'opinion gouvernementale. Je fus parfaitement accueilli dans un grand nombre de meetings publics qui eurent lieu dans les villes principales de commerce. Partout je trouvai le sentiment public favorable, mais je constatai en même temps les préjugés de la politique contre les prétendus projets d'envahissements de la France. Je n'ai jamais compris, Messieurs, les terreurs jalouses du gouvernement anglais ; j'ai toujours vu et pensé qu'un peuple ne s'enrichit jamais par la misère d'un autre peuple, que ce qui fait du bien à la France en fait également à l'Angleterre. (Très-bien! très-bien!) C'est donc à regret que dans mes voyages j'ai trouvé des hommes d'Etat d'Angleterre sous l'empire de cette idée, que l'intérêt français nuisait à l'intérêt anglais.

Après cette tournée en Angleterre, je suis revenu à Constantinople, muni de tous les procès-verbaux de mes meetings; j'ai montré que j'avais pour moi l'opinion publique, et j'ai exprimé par écrit au grand vizir mon intention de procéder à la formation de la Compagnie financière.

Très-peu de temps après, la souscription a été ouverte à Constantinople, comme dans les autres pays, et les capitaux répondaient à mon appel.

La Compagnie constituée, nous nous sommes installés dans l'isthme, nous avons ouvert la première phase des travaux. Ces travaux se sont successivement développés, non-seulement avec l'autorisation, mais encore avec la participation et le concours direct du gouvernement égyptien. Le feu vice-roi, Mohammed-Saïd, est venu de sa personne dans l'isthme pour diriger l'installation des travailleurs qu'il nous fournissait, et que son successeur a continué à nous fournir. Bien plus, ce dernier prince, Ismaïl-Pacha, s'est chargé, par contrat, d'exécuter lui-même pour le canal d'eau douce une partie de ces travaux. Tout cela se passait avant les difficultés qui ont été suscitées en 1864. Personne ne peut justement prétendre que nous n'ayons pas agi légalement. Cela a été reconnu par la Commission nommée par l'Empereur pour préparer sa sentence, et dans les débats judiciaires qui l'avaient précédée.

Nous sommes sortis de la phase politique par le jugement de l'Empereur. Comment ce jugement est-il intervenu? le voici :

Nous avons été appelés, au commencement d'avril 1864, M. le duc d'Albuféra et moi, devant la Commission présidée par M. Thouvenel. « On veut que notre situation ne soit pas régulière, lui avons-nous dit ; nous ne demandons pas mieux que de la régulariser aux yeux de ceux qui ne la croient pas suffisante. On élève contre nous des exigences, on nous demande le sacrifice des contingents que le vice-roi s'est obligé à nous procurer, d'une partie des terrains qui nous ont été concédés le long du canal; que toutes les questions soient donc débattues : nous nous en rapportons pleinement au jugement de l'Empereur. Mais avant de signer le compromis qu'on nous demande, il doit être entendu que la sentence impériale mettra fin à toutes les difficultés qu'on nous suscite.— C'est bien ainsi que nous l'entendons, nous dit M. Thouvenel. » Or, comme la Turquie avait donné au vice-roi, pour terminer avec la Compagnie, moyennant certaines conditions, un délai qui allait expirer, la Porte fut invitée à prolonger ce délai, afin de permettre au vice-roi de se faire juger par l'Empereur ; car le jugement arbitral a eu lieu sur l'initiative du vice-roi et non de la Compagnie.

Ainsi, avant la signature du compromis, j'insiste sur ce point, il fut bien entendu que le jugement de l'Empereur serait sans appel, souverain. J'ai consigné, dans mon rapport à l'assemblée générale, les termes de la réponse que nous fit M. Thouvenel, et je les reproduis ici :

« Il faudrait, nous dit-il, douter de la parole de l'Empereur et de la puissance de la France, si, après la sentence, vous aviez encore des difficultés politiques, et si le firman n'en était pas la conséquence. » (Bravo ! bravo ! Vif mouvement de satisfaction.)

Le jugement rendu, on l'a communiqué à la Porte, comme au vice-roi et à la Compagnie. Qu'a répondu la Porte ? Sa réponse se trouve dans l'Exposé de la situation de l'empire publié au *Moniteur* de cette année, à l'ouverture des Chambres, et il y est dit : « Le sultan a déclaré que toutes les conditions qu'il » avait attachées à son autorisation étaient remplies » par la sentence de l'Empereur. »

Que vient-on donc aujourd'hui nous parler de firman ? Nous avons au ministère des affaires étrangères l'adhésion de la Porte. Nous avons le firman de l'Empereur et de la France, et, sans manquer au respect que m'inspire le gouvernement ottoman, je puis dire que la justice de l'Empereur et l'appui de la France sont des titres qui valent bien tous les firmans de la Turquie. (Explosion de bravos.)

Un membre. — Est-il vrai que la ville de Marseille ne soit pas sympathique à l'œuvre de Suez?

M. de Lesseps, vivement. — Rien n'est plus inexact. La ville de Marseille est très-sympathique à notre entreprise. Elle serait aveugle si elle pouvait penser autrement. Le canal de Suez n'est-il pas destiné à faire de Marseille une des métropoles commerciales du monde? N'avez-vous pas entendu dire qu'elle mesurait déjà l'insuffisance de ses ports en vue du mouvement maritime qu'allait amener dans son sein l'ouverture du passage entre les deux mers?

Le bruit répandu de l'indifférence de Marseille pour notre entreprise suffit à prouver jusqu'à que point les propagateurs de ces invraisemblances comptent sur la crédulité publique. En tout temps Marseille m'a prodigué ses encouragements et ses vœux. C'est à Marseille que m'a été offert l'un des premiers banquets qui aient été donnés en France en l'honneur du projet du canal de Suez. La chambre de commerce de Marseille, c'est-à-dire l'organe naturel et électif des sentiments de cette grande cité, nous a donné, en toute circonstance, les marques les plus nettes de son concours et de son intérêt, et elle nous en a donné une toute récente par l'empressement avec lequel elle a, comme Lyon, répondu à notre appel, pour se faire représenter, au congrès international des chambres de commerce qui s'est réuni en Egypte.

Un membre. — Quelle influence croyez-vous qu'exercera le mouvement du canal, lorsqu'il sera dans toute son action?

M. de Lesseps. — Une influence qui ne peut pas se calculer. Il y a trois ans, nous avions 400 employés pour pourvoir à l'alimentation de nos travailleurs, pour leur fournir la farine, la viande, les vêtements, etc. Aujourd'hui, par le simple fait de la liberté et de la concurrence, non seulement l'isthme se suffit à lui-même, mais il regorge de tout, sans que nous ayons aucune dépense à faire, et nous avons pu licencier tout notre service. Jugez de ce qu'il sera, lorsque nos populations si actives, si vigoureuses de l'Europe, entraînées par leur intérêt, viendront apporter à l'Egypte leur intelligence et leur énergie. (Très-bien! très-bien!) Elles y feront régner, avec le bien-être, le goût du travail, le progrès, en un mot tous les bienfaits de la civilisation : — Voilà ma pensée! (Applaudissements.)

Il faut considérer que nous avons là, sur les bords de la mer Rouge, non loin de notre canal, une population neuve pour ainsi dire, une population chrétienne qui nous est très-sympathique, l'Abyssinie; cette population, de cinq millions d'habitants a toujours su s'affranchir du joug étranger.

Vous savez qu'au moyen âge on a beaucoup parlé d'un prêtre Jean qui régnait dans l'intérieur de l'Afrique. Ce prêtre Jean n'était pas autre chose qu'un empereur d'Abyssinie.

Les Abyssiniens ont embrassé le christianisme, comme ils avaient embrassé autrefois le judaïsme, sans effusion de sang, et ils ont repoussé la propagande musulmane comme l'idolâtrie des populations qui les entourent. Ils sont restés chrétiens, et ils accueillent avec bienveillance les étrangers, seulement quelquefois ils ne veulent plus les laisser partir. (Rires.) J'ai reçu, dans le temps, des lettres d'un des princes chrétiens de l'Abyssinie qui, ne pouvant offrir de l'argent pour la construction du canal, offrait des bestiaux et des denrées de son pays.

Les côtes de l'Arabie elle-même, l'Yémen, l'un des pays les plus fertiles de la terre, alimenteront également l'Europe par le canal, et de ce trafic commercial il résultera, j'espère, dans un avenir plus ou moins prochain, une amélioration de la grande société humaine. (Assentiment.)

Un membre. — Remarquez-vous que l'influence du canal sur le commerce se fasse déjà sentir?

M. de Lesseps. — MM. Bazin, de Marseille, qui avaient entrepris autrefois un service de paquebots en Orient, établissent en ce moment des relations, par des paquebots à hélice, entre Marseille et Port-Saïd, et leur exemple trouvera certainement des imitateurs dans d'autres villes, maintenant que la vapeur tend à remplacer partout la voile. A Constantinople, j'ai remarqué que la Corne-d'Or était remplie de bâtiments à vapeur, lorsqu'il y a peu d'années encore on n'y voyait que des bâtiments à voiles. MM. Bazin, qui sont très-intelligents, ont, en outre, l'intention d'envoyer des bateaux dans la mer Rouge, afin de profiter de notre transit de batelage pour les relations entre la France et l'extrême Orient.

Ceci n'est pas sans intérêt pour la ville de Lyon, Messieurs, puisqu'elle emploie les soies des Indes et de la Chine. J'ai eu sous les yeux un journal qui se publie à Yokohama, capitale du Japon, évaluant la récolte en soie du Japon de l'année courante à 25,000 balles pour l'exportation (1 balle de soie du Japon pèse 80 cathis, c'est-à-dire 63 kilog. 30). On voit, dans les statistiques de 1861-1862, qu'on a importé du Japon en Europe 3,139 balles de soie, 6,862 en 1862-1863 (1er juillet), 10,184 en 1863-1864. Déjà cette année 14,690 ont été importées, dont 4,239 pour Marseille et 9,791 pour l'Angleterre. J'en suis très-heureux; car, lorsque je me trouvais en Angleterre, il y a quelques années, un des principaux négociants de ce pays, qui faisait le commerce avec la Chine, me disait que Lyon prenait sur le marché anglais les soies qui lui étaient nécessaires et n'en faisait jamais venir directement.

Je m'arrête, Messieurs, puisqu'aucune question ne m'est plus adressée, et je vous remercie de la bien-

veillante attention que vous m'avez accordée. (Longue salve d'applaudissements.)

L'assemblée se sépare pour livrer la salle à
MM. les actionnaires.

SÉANCE DES ACTIONNAIRES.

Je me félicite, Messieurs, de pouvoir tous les ans vous consacrer quelques instants. Comme l'année dernière, comme toujours, je suis prêt à donner à chacun de vous toutes les explications qu'il pourra désirer. Ce n'est pas de mon affaire, c'est de notre affaire que j'ai à vous entretenir : vous avez le droit de tout savoir ; j'ai le devoir de tout vous dire. (Très-bien ! très-bien !)

Je suis donc à votre disposition pour répondre aux questions qu'il vous plaira de m'adresser.

J'emploierai les premiers instants que vous voulez bien m'accorder à vous présenter mes explications sur notre situation actuelle, et s'il reste ensuite parmi vous quelques points douteux ou obscurs, vos questions me donneront l'occasion de les éclairer.

Nous avons eu, le mois dernier, une assemblée générale des actionnaires. Le rapport que j'ai soumis à cette assemblée vous a été communiqué. Il a été adopté à l'unanimité, ainsi que les résolutions qu'il proposait.

Il résulte de l'exposé financier de ce rapport que, sur un capital souscrit de 200 millions, nous avons encore, à l'heure qu'il est, un actif de 180 millions disponible.

Il y a peu d'entreprises qui présentent un bilan actif aussi favorable, après un travail de plusieurs années, après les luttes que nous avons eu à soutenir, après les changements complets que nous avons dû introduire dans nos moyens d'exécution, par l'effet de la suppression des contingents égyptiens, mesure par laquelle on espérait bien nous placer dans l'impossibilité d'achever notre œuvre.

Ce coup, qu'on croyait mortel, a été paré ; ces espérances ont été déjouées.

L'indemnité qui nous a été allouée, le zèle de nos ingénieurs, l'énergie d'entrepreneurs distingués, le concours des mécaniciens habiles qui de toute part, et surtout de Lyon, se sont associés à nos efforts, ont surmonté des obstacles qui paraissaient insurmontables, et nous avons aujourd'hui la certitude d'arriver à notre résultat comme si aucun événement imprévu n'était venu nous troubler. Dans trois ans la grande navigation sera ouverte entre la mer Rouge et la Méditerranée.

Après l'audition de mon rapport, que je n'avais pas rédigé sans avoir parcouru tous les chantiers de l'isthme et examiné le mode de travaux qui s'y exécutent en ce moment, il s'est établi dans la séance de l'assemblée gé..érale une discussion entre le président et divers membres de cette assemblée.

Des interpellations m'ont été adressées, des renseignements m'ont été demandés. Pour la simplification de l'objet qui nous réunit ici, je crois qu'il est utile avant tout de vous donner lecture de cette partie du compte rendu.

Extrait du compte rendu de la séance de l'assemblée générale du 5 octobre 1865.

« *Un actionnaire.* — Pourriez-vous nous donner quelques explications sur le firman que nous attendons et qui ne vient pas ?

» *M. le président.* — Le rapport vous a fait connaître comment les questions pendantes avaient été résolues par la sentence impériale. Quant à la ratification de la Turquie : avant la sentence, le vice-roi d'Égypte ne s'est présenté devant l'arbitre souverain que muni de l'autorisation de la Turquie, ainsi qu'il est constaté dans l'acte constitutif de l'arbitrage; après la sentence, la Porte Ottomane a déclaré au gouvernement français que toutes les conditions auxquelles elle avait subordonné cette ratification étaient remplies par la sentence, et le gouvernement français a enregistré cette déclaration dans un document officiel. Nous avons donc, sous la garantie du gouvernement français, l'acceptation de la Turquie. En ce qui touche à la partie de la sentence qui concerne la politique et l'entente avec les gouvernements étrangers, ce n'est pas à nous, ainsi que l'a fait observer le rapport, que le soin de son exécution appartient; il appartient au gouvernement de l'Empereur. (Très-bien! très-bien!)

« Le meilleur moyen de donner satisfaction à la question qui m'a été adressée est de vous reproduire la réponse qui nous a été faite, à M. le duc d'Albuféra et à moi, lorsque nous avons été appelés devant la commission chargée par l'Empereur de préparer la décision impériale. Nous avons demandé au président de cette commission, M. Thouvenel, si, après la signature du compromis, le firman d'autorisation serait la conséquence du jugement rendu ; et M. Thouvenel nous a répondu que, pour douter de la délivrance du firman après la sentence rendue, il faudrait douter de la parole de l'Empereur et de la puissance de la France. (Bravo! bravo!)

« Voilà, Messieurs, le programme de notre conduite toute tracée.

» Ce fut à la suite de cette déclaration que nous nous empressâmes de signer le compromis, et je suis bien aise d'avoir l'occasion de vous faire aujourd'hui la réponse que nous fit alors M. Thouvenel. (Signes marqués d'assentiment de M. le duc d'Albuféra, assis à côté de M. le président.)

» *Un actionnaire.* — Le canal sera-t-il terminé en 1863, comme vous l'avez annoncé dans la dernière assemblée?

» *M. le président.* — Je n'en puis douter, et voici les motifs qui m'inspirent cette conviction. Par son traité, M. Aiton, qui préalablement était allé sur les lieux se rendre un compte exact de l'état des choses, s'était engagé à terminer son travail pour le 1er janvier 1868. Après notre rupture avec cet entrepreneur, MM. Borel et Lavalley prirent l'engagement de remplir les mêmes conditions, se réservant seulement une prolongation de six mois pour cause du temps déjà écoulé. Le terme du traité fut donc porté du 1er janvier au 1er juillet 1868. Mais, d'un côté, nos entrepreneurs espérant devancer cette échéance, la Compagnie, de l'autre, désirant obtenir d'eux des garanties, afin qu'au moins le terme fixé ne fût pas dépassé, il fut stipulé que, du 1er janvier au 1er juillet 1868, une prime de 500,000 francs leur serait accordée pour chacun des mois que gagnerait l'achèvement de leur travail, en même temps qu'ils s'engageaient à nous payer 500,000 francs d'indemnité pour chaque mois de retard à partir du 1er juillet. (Très-bien ! très-bien !)

« Des hommes aussi intelligents et aussi pratiques que MM. Borel et Lavalley, tous deux membres du corps des ponts et chaussées, éprouvés par l'exécution de plusieurs entreprises très-importantes, ne se seraient pas exposés à une telle pénalité s'ils n'avaient pas eu la certitude de pouvoir l'éviter.

« Peut-être, en se motivant sur les perturbations occasionnées dans les ateliers de l'isthme par le choléra, nos entrepreneurs se croiront-ils fondés à nous demander quelque modification dans les termes convenus. Ce serait une question que le Conseil aurait à examiner avec sa bonne foi et son impartialité ordinaires. Dans tous les cas, il ne pourrait s'agir que d'un délai très-court: dans mon opinion, trois mois tout au plus. Nous avons la ferme espérance que dans trois ans le canal sera ouvert à la grande navigation. (Applaudissements.)

» *Un actionnaire*. — Fera-t-on un appel de fonds? D'après la situation financière qui vient de nous être présentée, il me semble qu'on pourrait s'en dispenser.

» *M. le président*. — Cette question est du ressort du Conseil. Le Conseil n'ayant pas encore délibéré à cet égard, je ne puis pas vous donner son avis; mais je puis vous donner mon sentiment personnel. Ce sentiment est qu'il n'y aura pas d'appel de fonds cette année. Vous avez vu par notre bilan que nous n'avions pas besoin d'argent. Mais je pense qu'il conviendra aux intérêts de la Compagnie d'engager le Conseil à examiner s'il n'y aurait pas lieu de faire l'appel des deux derniers dixièmes dans le courant de l'année prochaine plutôt que de recourir à des négociations prématurées de nos valeurs.

» Vous savez que le vice-roi s'est engagé à nous donner 3,600,000 francs par mois, et qu'il paie très-exactement.

» *Un actionnaire*. — On nous avait fait espérer qu'on n'aurait pas besoin de dépenser tout le capital.

» *M. le président*. — C'est vrai; j'ai moi-même exprimé cet espoir, il y a quelques années. Mais depuis, bien des événements sont survenus. Les difficultés politiques se sont prolongées fort au-delà de toute prévision raisonnable, et elles nous ont obligés à suivre un système d'action beaucoup plus onéreux que celui que nous aurions adopté si ces difficultés n'eussent point persisté. En nous rendant sur ce point notre liberté, la sentence impériale nous a privés des contingents qui nous assuraient notre main-d'œuvre à bon marché. Nous avons été obligés de bouleverser toutes les bases d'une vaste et coûteuse organisation de plusieurs années. Avec le concours et la puissance du travail indigène, tels que nous garantissaient nos contrats avec l'Egypte, nous devions arriver à l'exécution de notre œuvre sans avoir absorbé notre capital entier.

» Mais le jour où nous avons été forcés de tout changer autour de nous, de reprendre à nouveau, et, pour ainsi dire, une à une toutes nos installations, de substituer les machines aux hommes, nos charges ont augmenté dans des proportions sensibles.

» C'est précisément pour compenser, dans une certaine mesure, cette augmentation de vos charges, qu'une indemnité vous a été allouée par l'Empereur et vous est payée par le Trésor égyptien. (Très-bien ! très-bien !)

» *Un actionnaire.* — Le vice-roi exécute-t-il ses paiements?

» *M. le président.* — Parfaitement; il n'a pas manqué un seul jour à une seule échéance; les assignations sur le Trésor égyptien sont payées aussi exactement que celles de la Banque de France. (Applaudissements.)

» On a propagé beaucoup de bruits sur le vice-roi et sa manière de tenir ses engagements. Tout cela est plus qu'apocryphe. Je pense que le rapport vous aura convaincus que la marche de nos travaux est assurée. Ne faites pas attention à ces manœuvres dont le but est très-simple et très-clair, et se résume par ce mot populaire : Ote-toi de là que je m'y mette. (Rires et applaudissements bruyants.) »

Le prétexte de la guerre qu'on nous faisait à l'origine n'existe plus, aujourd'hui que les faits sont venus prendre la place des suppositions; elle ne peut plus exister surtout depuis l'inspection qu'ont faite, il y a trois mois, les délégués des chambres de commerce, au nombre de cent, depuis le passage, d'une mer à l'autre, d'une cargaison de charbon, et le retour d'une cargaison des produits de l'Inde. On ne peut plus répéter qu'il n'y a pas d'eau dans le canal, puisque tout le monde sait qu'on y passe, mais on s'attaque à la bourse des actionnaires, en répandant des bruits faux, en pratiquant des manœuvres coupables et punissables, par l'envoi de circulaires émanées de gens charitables qui, à les entendre, veulent sauver les actionnaires, mais dont le but vrai est de les tromper, de les effrayer pour leur faire vendre à vil prix leurs actions.

» *Un actionnaire.* — Si l'on fait l'appel de fonds, ne pensez-vous pas qu'il serait convenable de le scinder, de faire le versement en deux fois?

» *M. le président.* — Votre observation est très-juste ; naturellement elle ne peut pas être l'objet d'une délibération, puisqu'elle est étrangère à l'ordre du jour. Mais nous sommes ici pour nous mettre en communication d'idées avec vous, prendre note de vos opinions ou de vos désirs et les appliquer autant qu'il est en nous, dans la mesure de l'intérêt général et des nécessités de notre œuvre commune.

» *Un actionnaire.* — Vous avez dit qu'on avait fait des

offres très-sérieuses pour l'achat du Ouady. Est-ce que le Conseil trouverait cette vente convenable ?

» Il me semble à moi qu'il vaudrait mieux, pour la Compagnie, acheter que vendre.

» *M. le président.* — Votre avis est le mien. Aussi avons-nous décliné les diverses propositions qui nous ont été faites pour la vente du Ouady. J'ai confiance dans l'avenir. (Bravo! bravo!)

» En voici un exemple. On nous proposait dernière-ment de nous acheter nos magasins de Boulak, près du Caire ; on nous en offrait 400,000 francs. Nous les avons payés 240,000. J'ai répondu qu'aujourd'hui nous ne céderions pas cet immeuble pour un million. Vous pouvez juger par là à quel point nos acquisitions passées ont augmenté de valeur.

» Je vous ai dit que la sentence impériale obligeait le vice-roi à nous fournir pendant l'étiage un minimum d'un mètre d'eau jusqu'à l'achèvement de la partie du canal d'eau douce qui est à sa charge. Il est essentiel que cet ouvrage soit terminé dans le courant de l'hiver prochain ; en attendant, le vice-roi nous fournit exac-tement cette quantité d'eau.

» Nous devons reconnaitre les efforts qu'il fait pour remplir ses obligations.

» Je répète que la haute position qu'il a donnée à M. Sciama, notre ancien ingénieur en chef, qui pen-dant plusieurs années nous a rendu d'excellents ser-vices, témoigne des bonnes intentions du vice-roi à notre égard. » (Marques de satisfaction.)

M. Sciama a été longtemps un de nos ingénieurs en chef, et nous n'avons eu qu'à nous louer de son intelligence et de son zèle. Mais un moment est venu où les travaux dont il était chargé ayant été donnés à l'entreprise, il est devenu disponible, et c'est alors que le vice-roi l'a attaché à son service, ce qui simplifie singulièrement les rapports que nous devons avoir avec les agents du gouvernement égyptien. Nous serions ingrats de ne pas voir là un bon procédé de la part du vice-roi.

» *Un actionnaire.* — Tout en comptant sur le gouvernement français, qui ne manquera certainement pas de faire exécuter la sentence de l'Empereur, ne pourrait-on pas demander à quoi tient la difficulté d'obtenir le firman ? Ce firman, dont l'absence est si nuisible au cours de nos actions, dépend-il du mauvais vouloir de l'Angleterre ou d'autres motifs ?

» *M. le président.* — Il ne m'est pas permis de parler de choses qui ne me regardent pas. Les questions politiques nous sont étrangères. Nous sommes une compagnie commerciale ; restons ce que nous sommes, et laissons au gouvernement le soin de traiter les questions internationales. La Turquie peut vouloir plus ou moins temporiser par ménagement pour certaines susceptibilités qui s'affaiblissent de jour en jour ; n'a-t-elle point déjà fait connaître directement à l'Empereur son acquiescement à la sentence ? C'est là le point capital, le fait péremptoire. Le reste viendra.

» La France est assez forte, Dieu merci ! pour faire respecter son droit et les engagements pris envers ses nationaux. (Bravo !)

» Faisons notre affaire et soyons assurés que le gou-vernement de l'Empereur fera la sienne. (Applaudisse-ments redoublés.)

» *Un actionnaire* — Si l'on décide un appel de fonds l'année prochaine, je serais d'avis qu'il fût divisé en deux versements au lieu d'un.

» *M. le président.* — C'est pour la seconde fois que ce vœu nous est exprimé.

» *L'actionnaire.* — J'avais déjà présenté ce vœu dans une réunion précédente, à la salle Herz, mais on n'en a pas tenu compte.

» *M. le président.* — Le Conseil d'administration, en effet, avait vu dans cette mesure plusieurs inconvé-nients, et entre autres une augmentation dans les frais. Mais la question sera de nouveau placée sous ses yeux en temps utile, vos observations individuelles ayant droit à toute sa considération. Seulement il se réserve de se décider en raison de l'intérêt commun.

» *Un actionnaire.* — Relativement à la rétrocession des terrains, ordonnée par la sentence impériale, il a été dit qu'une commission serait nommée. Elle n'est pas encore nommée ; quand le sera-t-elle ?

» *M. le président.* — Une délimitation conforme aux ter-mes de la sentence est une opération secondaire. On a parlé, en effet, d'une commission pour l'effectuer. Cette commission n'est pas encore nommée. Nous n'a-vons aucun intérêt à hâter ou à retarder la formalité de cette délimitation. Nous sommes au possessoire, ce qui est la meilleure position, en Orient encore plus qu'ailleurs. Il n'y a pas de temps perdu pour nous. (Vive adhésion.)

» *Un actionnaire.* — J'ai entendu dire que le firman était subordonné à la nomination d'une commission qui serait chargée de limiter les terrains et qui serait composée d'un membre nommé par le gouvernement turc, d'un autre par le vice-roi d'Égypte et d'un troisième par la Compagnie.

» *M. le président.* — Il y a d'abord, dans ces dernières paroles, une erreur de fait : la commission doit être composée, non de trois membres, mais de quatre membres : deux à la nomination du sultan et du vice-roi, deux à la nomination du gouvernement français et de la Compagnie.

» Si la Porte a subordonné ce qu'on vient d'appeler son firman, soit à la nomination, soit à l'issue du travail de cette commission, nous ne pouvons là rien voir que de satisfaisant, car c'est une nouvelle preuve de l'acquiescement du gouvernement turc, sa demande étant la mise à exécution de la sentence et ne pouvant être autre chose sous peine de négation de la sentence. Quant à cette expression de firman, on l'a prise sans doute parce qu'il faut un mot pour rendre une idée; mais il n'est pas inutile de vous rappeler qu'il n'a jamais été dit dans quelle forme le sultan devait donner son approbation; et à mes yeux, je le répète, l'autorisation préalable donnée au vice-roi par la Porte de soumettre le litige à l'arbitrage de l'Empereur, son acquiescement ultérieur à la sentence impériale constaté officiellement par le gouvernement français, constituent dans son caractère le plus sérieux l'approbation juridique et politique.

» Si, à côté de cela, il existe des questions internationales, elles ne sont pas de notre ressort. Le vice-roi avait demandé une sentence à l'Empereur; l'Empereur a rendu cette sentence; elle appartient aux parties; elle s'exécute. Si dans le cours de cette exécution tout n'était pas parfaitement en règle, c'est au gouvernement à y pourvoir. Il en a seul le droit et la force. Il prendra son temps comme il l'entendra. Pour nous, nous n'avons qu'à poursuivre l'achèvement de nos travaux, et tant que nous ne rencontrerons aucun empêchement, que pouvons-nous avoir à dire?

» *Un actionnaire.*— Pourtant l'absence du firman est fâcheuse au point de vue de la cote de nos actions.

» *M. le président.* — C'est ce qu'en vérité je ne puis pas comprendre. Qui donc au monde peut douter de l'exécution d'une sentence rendue par l'Empereur et reconnue par le gouvernement ottoman? J'admets très-bien que ceux qui ont intérêt à en retarder l'exécution fassent tout ce qu'ils peuvent pour cela; mais ces retards calculés auront une fin, le jour où il sera dans les convenances du gouvernement de ne pas les laisser prolonger. (Vifs applaudissements.)

» *Un actionnaire.* — Nous devrions exprimer le vœu que, d'ici à un an, le gouvernement français obtienne ce firman, conséquence nécessaire de la sentence impériale.

» *M. le président* — Un vote de cette nature, ou tout autre non porté à l'ordre du jour, serait la violation de vos statuts.

» D'après vos statuts, toute question en dehors de l'ordre du jour régulier doit être proposée par vingt membres au Conseil d'administration, qui, après en avoir délibéré, la soumet à l'assemblée générale. Mais, quoique en dehors d'une délibération régulière, vos paroles, Messieurs, n'en ont pas moins leur portée.

« *Un actionnaire.* — Nous avons cru longtemps que nous n'avions pas besoin du firman, que c'était une question à régler entre le pacha et le sultan.

« *M. le président.* — Et vous avez eu raison; elle était en effet à régler entre le sultan et le vice-roi jusqu'au jour où ce dernier a demandé une solution à la sentence de l'Empereur. Aujourd'hui, après la sentence rendue, la question n'est plus à régler : elle est réglée, tout est fini, quant à nous.

« *Un actionnaire.* — Il y a de l'inquiétude, parce que cette question du firman est toujours douteuse.

« *M. le président.* — Comment, douteuse? Est-ce qu'elle n'a pas été tranchée par la sentence impériale? Est-ce que cette sentence vous laisse quelque chose à craindre? Ayez plus de confiance dans le gouvernement de votre pays. (Bravo! bravo! applaudissements prolongés.)

« *Un actionnaire.* — Mais enfin, y a-t-il des négociations pendantes?

« *M. le président.* — Notre Compagnie est commerciale et non politique. Occupons-nous de notre affaire, et laissons au gouvernement le soin de s'occuper de la sienne. Y a-t-il des négociations pendantes? Je ne puis rien vous dire à cet égard. Elles se passent en dehors de moi; je ne les connais pas; ou si je les connais, je ne puis pas les révéler. (Bravo! bravo! Vifs applaudissements.)

« *Un actionnaire.* — Nos affaires sont conduites avec intelligence et énergie. J'espère être l'organe de toute l'assemblée en proposant de voter au Conseil, et spé-

cialement à notre dévoué, courageux et illustre président, les remerciments les plus chaleureux.

» *De toutes parts* : Oui ! oui! adopté. (Applaudissements prolongés.)

» *Un actionnaire.* — Pensez-vous, monsieur le président,
que le capital primitif, avec les indemnités que doit
payer le vice-roi, suffise à l'achèvement de l'œuvre?

« *M. le président.* — Votre situation financière répond à
cette question. Vous connaissez le bilan, vous connaissez les contrats avec les entrepreneurs : or, l'actif fait
face et au delà aux sommes à payer aux entrepreneurs
et aux intérêts à servir aux actionnaires. (Très-bien!
très-bien!). »

Vous voyez, Messieurs, qu'on m'a poussé jusque
dans mes derniers retranchements sur la question politique du firman. J'ai répondu en disant tout ce
que je pouvais dire, sinon tout ce que je pouvais
savoir. Ce que je pouvais dire, ce que je puis affirmer, c'est que le gouvernement de l'Empereur fait
tout ce qu'il faut pour arriver à une solution convenable ; soyez à cet égard sans inquiétude.

Avant la sentence impériale, on inquiétait les esprits, on nous battait en brèche sous prétexte du
défaut du prétendu firman. C'était le cheval de ba-
taille de la diplomatie anglaise, activement secondée
par les troupes légères qui lui servaient d'auxiliaire
en France. Embarrassée de ce rôle plus qu'impopu-
laire, cette petite ligue a protesté que l'opposition
britannique n'existait plus. C'était une manière de co-

lorer l'appui qu'elle prêtait à ces intrigues. Je pense que, du côté de l'Angleterre, elles ont cessé aujourd'hui, aujourd'hui seulement. Je ne vois pas qu'il soit plus glorieux de prendre sa place. Quoi qu'il en soit, nous avons défendu la légalité de notre concession, des travaux que nous avions commencés, et qu'on aurait bien voulu nous forcer de suspendre. Nous nous sommes fondés sur le texte des actes, sur les autorisations données, sur la participation directe et continue prise par le gouvernement égyptien à nos opérations, sur les avis par lesquels nous n'avons cessé de communiquer au gouvernement ottoman tout ce que nous allions faire. Tous les hommes considérables qui ont examiné les documents et la correspondance dont je parle, ont déclaré que nous étions en règle; le conseil d'État l'a jugé en autorisant notre Compagnie à fonctionner en France, et enfin, dans les procès que nous avons dû soutenir, les tribunaux ont reconnu que nous étions légalement constitués.

C'est alors que l'Egypte, autorisée par la Porte, a demandé une sentence arbitrale. Notez bien que ce n'est pas nous qui l'avons demandée, et, par une inconséquence singulière, on voudrait maintenant faire considérer cette sentence impériale comme non avenue, afin de tout remettre en question. C'est le but favori des circulaires qu'on vous envoie; les attaques qu'on dirige contre l'entreprise ne sont que le résultat d'une impulsion malveillante.

J'ai lu dans une de ces attaques :

« La Compagnie de Suez a une sentence, mais cette sentence ne sera pas exécutée. »

Cette illusion est la dernière planche de salut des malveillants. Celui qui a écrit ces deux lignes n'a donc pas réfléchi que la sentence a été rendue par l'Empereur? Il ne s'est pas aperçu qu'il abaissait, aux yeux de la Turquie et du monde, l'Empereur et la France, en osant nier l'exécution d'un jugement sans appel prononcé par ce souverain sur la demande qui lui en a été faite?

Sans attribuer ici au souverain de qui on a sollicité une sentence, un pouvoir plus grand que celui dont sont investis les tribunaux, nous pouvons dire que les tribunaux ont pour garants de l'exécution de leurs décisions la puissance qui les a investis, et que le souverain prié par un gouvernement étranger de rendre un jugement sans appel, a sans doute le moyen de le faire respecter. (Très-bien! très-bien!)

Il nous a fallu du temps pour faire consacrer notre droit ; aujourd'hui, il est consacré, et, sous ce rapport, nous sommes inattaquables. Nous avons une sentence souveraine, rien ne peut nous l'enlever, pas même celui qui l'a rendue. (Non! non ! — Applaudissements redoublés.)

Le gouvernement de l'Empereur ne décline pas sa responsabilité. Mais il a d'autres affaires que les nôtres, il a des relations avec le monde entier : laissons-lui son temps. D'ailleurs, sauf les fantaisistes dont je viens de parler, personne ne conteste l'exécution de la sentence impériale. Nous n'avons rien à craindre, nous marchons : continuons de marcher, surmontant les difficultés s'il s'en présente. Nous avons vaincu la plus terrible de toutes, le choléra, et nos travaux, un instant ralentis, n'ont pas été arrêtés. Grâce aux hommes habiles autant qu'honnêtes dont nous avons su nous entourer, nous avons, en moins d'un mois, réorganisé de nombreux chantiers, terminé les écluses, fait passer un. chargement de la Méditerranée à la mer Rouge et un autre de la mer Rouge à la Méditerranée. (Très-bien! Très-bien!) J'ai pu le 15 août informer l'Empereur de ce grand résultat par une dépêche partie de Suez à 8 heures du matin dans laquelle je lui disais :

« Votre Majesté a été fêtée dans l'isthme par un » premier chargement de charbon transitant d'une » mer à l'autre. »

Ma dépêche est arrivée à midi au camp de Châlons; à 2 heures 1/2 l'Empereur me répondait, et sa réponse arrivait à 5 heures à Suez. (Applaudissements).

Cette dépêche, qui est la démonstration des sentiments personnels de l'Empereur pour notre entreprise, est bien loin de faire supposer que son gouvernement hésiterait à faire exécuter dans toute sa teneur une sentence provoquée non par nous, mais par un gouvernement étranger. Vous n'en douterez pas à la lecture de cette dépêche:

« Je vous félicite du succès obtenu et vous remercie de me donner cette bonne nouvelle pour ma fête. (Applaudissements redoublés.)

« *Signé :* NAPOLÉON. »

Vous voyez par là que cette question du firman est complétement terminée. (Vifs applaudissements.)

Toute la question gît désormais pour vous dans la bonne gestion de l'affaire. Or, vous savez qu'en dehors de la surveillance statutaire exercée par le Conseil d'administration, nous avons, dès le principe, demandé à l'assemblée générale de nommer dans son sein une commission de vérification des comptes. Nous n'y étions pas obligés par les statuts; l'assemblée générale refusait même d'adopter notre proposition quand nous la lui avons soumise; nous avons insisté : elle s'est rendue à notre vœu. Nous avons voulu aller au-devant de toutes les garanties que nos associés pourraient désirer. Les actionnaires ont donc des commissaires qui vérifient nos livres, qui ont leur bureau dans notre administration, qui prennent connaissance de tout et en rendent compte à la fin de l'année.

Les hommes dont, en dehors de la Compagnie, nous nous sommes assuré le concours, sont des ingénieurs des ponts et chaussées, et vous savez que leur probité est aussi proverbiale que leur capacité; c'est à eux que la direction du travail est confiée : nous ne pouvons vous donner un meilleur gage de notre bonne gestion. (Très-bien! Très-bien!)

Permettez-moi quelques mots encore sur un incident particulier que je désire vous signaler, parce qu'il vous servira à juger les moyens employés pour nous discréditer et nous désorganiser.

J'ai en main une circulaire autographiée expédiée, dit-on, à tous ceux de MM. les actionnaires dont on a pu se procurer le nom, et que l'écrivain appelle ses clients. Plusieurs exemplaires de cette pièce édifiante m'ont été transmis par des actionnaires d'Orléans, de Rouen, de Paris, etc., auxquels elle était adressée. Elle est signée par un sieur Denechaud, prenant la qualification de banquier, qui, je le suppose, ne vous a pas oubliés, dans sa sollicitude et ses envois.

Voici comment elle s'exprime :

« Nos prévisions sur le Suez commencent à se
» réaliser. L'opinion publique est généralement in-
» quiétée sur l'avenir de cette entreprise.

» Les offres de vente arrivent de tous côtés, et,
» malgré les sacrifices qui se font pour soutenir les
» cours, la baisse fait de rapides progrès. Ce serait
» une grande imprudence que d'attendre pour réa-
» liser.

» Ainsi que nous l'avons annoncé, l'assemblée gé-
» nérale de cette Société a eu lieu le 5. Ce qui s'y
» est passé n'est guère de nature à rassurer les es-

« prits. Les comptes présentés s'arrêtent à décembre
» 1863 et laissent complétement dans l'ombre les dé-
» penses de 1864 et de 1865.

» Un nouvel appel de fonds a été annoncé pour le
» commencement de l'année prochaine.

» Mais ce qui a causé la plus vive impression, c'est
» la déclaration qui a été faite que les travaux se-
» raient plus longs et plus coûteux qu'on ne l'avait
» pensé, et que l'on serait forcé de changer la di-
» rection du canal. »

Je ne crains pas de l'affirmer : il n'est pas, pour ainsi
dire, dans ces lignes, une seule expression qui ne soit
combinée pour tromper le public, discréditer la Compagnie et créer une panique parmi les porteurs de
nos actions.

Vous comprenez : d'un côté, on publiait des articles
et de fausses nouvelles pour prouver que l'affaire
était en désarroi ; d'un autre, on répandait des circulaires pour amener une déroute sur ces valeurs à
la Bourse.

Tandis qu'on provoquait la baisse, on prétendait
que de grands sacrifices étaient faits pour l'arrêter,
assertion qui était de nature à la précipiter encore.

On recommandait aux prétendus clients de vendre
et de vendre toujours. On sonnait le tocsin. « Les
offres arrivent de toutes parts. »

On n'osait pas indiquer la Compagnie comme
supportant ces sacrifices, car on sait bien que la

Compagnie emploie ses capitaux, non à agioter à la Bourse, mais à pousser ses travaux et à creuser son canal — mais on en disait assez pour pouvoir aban. donner ce point à l'intelligence du lecteur effrayé.

Pour atteindre ce but, on allait jusqu'à falsifier les résultats de l'assemblée générale. Elle avait été remarquable d'union, de sympathie et d'accord. Elle avait été unanime à adopter le rapport et ses conclusions. Elle avait, par un vote unanime et d'acclamation, exprimé sa satisfaction et ses remercîments au Conseil d'administration et à son président. Toutes ces circonstances si favorables sont traduites en ces termes : « Ce qui s'est passé dans l'assemblée n'est » guère de nature à rassurer les esprits ! »

On va plus loin. Il faut jeter en passant un soupçon dans l'esprit des actionnaires, et on leur annonce que les comptes présentés s'arrêtent à 1863, qu'on « *a laissé complétement dans l'ombre* » ceux de 1864 et 1865.

Suivant l'usage constamment suivi depuis la constitution de la Compagnie, les comptes de 1863 ont été soumis par la commission de vérification à l'approbation de l'assemblée, comme elle lui soumettra, l'année prochaine, le résultat de son examen pour le compte de 1864.

Suivant le même usage, le rapport du président a, dans sa partie financière, présenté le compte des recettes et dépenses pour 1864. Il ne pouvait être question des comptes de 1865, puisque l'exercice n'est pas encore fini.

Mais, toujours suivant l'usage établi et invariablement suivi par l'administration, le bilan actif et passif de la Compagnie au 30 juin 1865 a été fourni à l'assemblée dans tous ses détails, et certes il n'y avait pas lieu « de tenir dans l'ombre » un bilan attestant que la Compagnie dispose d'un capital presque égal à celui de son fonds social.

Autre fausseté. — La circulaire affirme qu'un appel de fonds a été annoncé pour le commencement de l'année prochaine. C'était encore un moyen d'agir sur le cours des actions.

Le rapport n'a pas parlé d'un appel de fonds. Sur une interpellation qui m'a été adressée, j'ai répondu que le Conseil d'administration n'avait pas même été appelé à examiner la question. J'ai ajouté seulement, comme mon opinion personnelle, que je pensais qu'il y aurait lieu d'engager le Conseil d'administration à examiner s'il ne conviendrait pas aux intérêts de la Compagnie de prendre une mesure de ce genre « dans le courant de l'année prochaine, » plutôt que de recourir à des négociations prématurées de nos valeurs.

Enfin, pour porter au comble les anxiétés que l'on veut susciter parmi les actionnaires, la circulaire termine en nous prêtant ces aveux que les travaux seraient plus longs et plus coûteux qu'on ne l'avait pensé, que *nous serions forcés de changer la di-*

rection du canal, et, dans le but de bien faire ressortir toute la portée qui doit s'attacher à ces déclarations, l'écrivain constate que c'est là « ce qui a causé la plus vive impression. »

Or, chacune de ces assertions est une invention.

Loin de préparer les esprits à une prolongation pour l'achèvement des travaux, nous avons, au contraire, exprimé notre profonde conviction que le canal serait ouvert à la grande navigation en 1868, conformément à notre rapport de l'année précédente.

Nous avons dit que tout nous donnait à croire que le capital social, augmenté de l'indemnité due par le gouvernement égyptien, suffirait à l'exécution de notre œuvre.

En rendant compte du mouvement des travaux, le rapport a annoncé qu'un banc de roches d'une extraction assez difficile se rencontrait vers l'extrémité sud des lacs Amers; que par de nombreux sondages nos ingénieurs avaient découvert un terrain plus propice qui permettait de tourner cette difficulté par une légère inflexion dans le tracé de cette partie du canal; que cette inflexion ne nécessitait qu'un accroissement de 300,000 mètres sur l'ensemble des déblais, et qu'en fin de compte cette modification se traduisait par une considérable économie et de temps et d'argent.

C'est cette modification heureuse, reconnue, proclamée par nous comme avantageuse à tous les points de vue, que le sieur Denechaud dénonce à ses prétendus clients comme une véritable catastrophe, c'est-à-dire comme un changement forcé et désastreux dans le tracé du canal.

Remarquez-le bien, Messieurs, tous ces coups nous sont portés dans les ténèbres, avec calcul, dans des écrits qu'on peut nommer clandestins, qui se cachent sous les apparences d'une correspondance privée, et qui s'en vont nous saper sous terre, concourant à l'effet d'attaques plus ouvertes par lesquelles on espère agir sur le public. Je suis convaincu que ces manœuvres n'ont aucune influence sur vous. (Non ! non ! Applaudissements.) Mais en est-il de même pour les esprits ignorants ou timides ? Si la discussion est permise, si nous l'accueillons, quelle qu'elle soit, pourvu qu'elle soit loyale, il y a des lois pour réprimer les manœuvres du genre de celles que je viens de vous signaler, et je fais ici toutes mes réserves à cet égard.

En résumé, Messieurs, toutes les difficultés sérieuses que nous avons rencontrées ont été vaincues. Nous commençons à établir un batelage qui, nous l'espérons, sera fructueux pour la Compagnie; tout marche, et je ne prévois aucun obstacle. Cependant, si quelqu'un d'entre vous conservait des doutes, s'il désirait être éclairé par des renseignements plus complets, je le répète, je suis à votre disposition, et je répondrai avec la spontanéité d'un homme qui n'hésite pas, parce que la vérité n'hésite jamais. (Trèsbien ! très-bien ! Vifs applaudissements.)

Un actionnaire. — M. Aiton se trouvant dans l'impossibilité de continuer son entreprise faute de ressources, avait-il le droit d'exiger une indemnité? les engagements ne sont-ils pas à la charge de celui qui les rompt?

Le Conseil d'administration n'a-t-il pas créé un précédent dangereux pour l'avenir en accordant à M. Aiton 200,000 francs d'indemnité?

M. de Lesseps. — Je suis fort aise que vous me mettiez à même de fournir des explications sur ce sujet.

Le rapport mentionne seulement le fait de la rupture, et les 200,000 francs qui ont été accordés à M. Aiton. J'ai pris sur moi de donner cette somme, et l'acte dont j'ai cru devoir prendre l'initiative a reçu l'approbation unanime du Conseil d'administration. Voici dans quelles conditions le fait s'est passé.

M. Aiton était entrepreneur anglais. Il avait soumissionné une partie importante des travaux. Il était détenteur d'un matériel important, appartenant à la Compagnie; il fallait employer la force pour l'en dessaisir. Il avait manqué à ses engagements, et, dans ce cas, vous le savez, nous ne pouvions que lui intenter une action judiciaire.

Nous avions bien eu le soin de stipuler dans le contrat que les contestations auxquelles il pourrait donner lieu seraient attribuées à la juridiction française. Mais les seules lenteurs d'un procès présen-

taient des inconvénients très-considérables, dont le
principal était l'ajournement de la reprise de notre
matériel, c'est-à-dire un ralentissement dans le travail.

M. Aiton, Anglais, n'eût pas manqué de se mettre
sous la protection des agents de son pays, et sir
Henry Bulwer, ambassadeur d'Angleterre auprès de
la Porte, très-influent en Égypte, venait d'arriver à
Alexandrie.

Les adversaires du canal comptaient beaucoup sur
cette rupture de M. Aiton avec la Compagnie, et sur
la détention du matériel pour nous faire perdre une
année. Or un mois de travail perdu se traduit pour
nous par plusieurs millions improductifs, et il a
fallu que M. Aiton fût menacé par moi de la prise
de force du matériel, qu'il eût des engagements
qu'il ne pouvait pas remplir, qu'il fût dans l'impossibilité de payer des capitaines qui venaient tous les
jours lui apporter des chargements, il a fallu tout
cela pour l'amener à composition, car, connaissant
tous les embarras qu'il pouvait nous causer, c'était
1,500,000 francs d'indemnité qu'il me demandait, et,
bien entendu, je repoussai énergiquement une telle
prétention.

Cette situation étant donnée, je transigeai pour
200,000 francs; il a accepté, et je crois en faisant
ce sacrifice avoir obtenu une bonne solution. (Marques générales d'approbation.)

Certainement, s'il avait fallu plaider, l'issue du procès n'était pas douteuse, mais il fallait aussi laisser inactif, pendant plusieurs mois au moins, notre matériel, ne pouvoir pas le mettre à la disposition d'un autre entrepreneur, et nous aurions perdu par là beaucoup plus que les 200,000 francs ne valaient, beaucoup plus que le procès n'aurait pu nous rapporter, à part la difficulté de le mettre à exécution en Angleterre.

L'actionnaire. — L'entreprise de MM. Borel et Lavalley, qui en principe était de 50 millions, et qui est maintenant de 112 millions, par le fait de leur substitution à M. Aiton, pour la partie du canal de Port-Saïd jusqu'à l'origine du lot de M. Couvreux, ne constitue-t-elle pas pour la Compagnie une perte de 18 millions, par la différence du prix de première entreprise de ce lot à la seconde entreprise? Le rapport de cette année ne donne à ce sujet aucun détail.

M. de Lesseps. — M. Aiton avait pris l'entreprise dans des conditions qui n'existent plus. Il l'avait prise à une époque où le taux des salaires était très-inférieur à celui d'aujourd'hui. Il élevait des prétentions à ce sujet. Équitablement, on pouvait lui tenir compte de cette différence; mais comme d'un autre côté il demandait des choses impossibles, qu'il était allé jusqu'à arrêter ses travaux, nous avons exigé la résiliation, comme c'était notre droit. Cette résiliation opérée, il s'est présenté des entrepreneurs sérieux, MM. Borel et Lavalley, déjà soumissionnai-

res d'un lot considérable. Il était impossible de ne
pas leur fournir un passage pour le travail de leur
lot entre le lac Timsah et Suez; les travaux aban-
donnés par M. Aiton devaient donc être exécutés
sans délai. MM. Borel et Lavalley offrirent de s'en
charger, et comme leurs propositions étaient les plus
avantageuses qui nous fussent faites, nous les
avons acceptées, en leur accordant une augmentation provoquée par la différence du travail des fellahs et celui des machines. Il est évident que les
38 millions que nous avons reçus par la sentence de
l'Empereur étaient destinés à compenser cette différence.

L'actionnaire. — Le nouveau traité avec M. Couvreux, pour le percement du plateau d'El-Guisr, met
sous la régie de la Compagnie 6,000 mètres de travaux à faire; ces 6,000 mètres sont-ils en déduction
du prix des premiers contrats ?

M. de Lesseps. — Sans contredit, et voici l'état des
choses :

M. Couvreux nous ayant proposé de remanier son
contrat, nous avons cru devoir prendre la partie du
travail plus facilement exécutable par MM. Borel et
Lavalley, qui avaient déjà les instruments propres
à l'extraction des déblais, c'est-à-dire des dragues.
Nous n'avons laissé à M. Couvreux que les déblais à
sec, et quelques déblais mouillés pouvant être enlevés par ses excavateurs; M. Couvreux n'aura donc
plus à excaver que 5 millions de mètres cubes, au

lieu de 9 millions dont il s'était chargé dans le principe. D'un autre côté, nous avons pris en régie, pour
cause de rapidité et de facilités réciproques, les
6,000 mètres dont il vient d'être parlé. Naturellement
le prix de ce travail nous reste puisque nous en avons
la charge. Je puis vous dire qu'il marche de la manière la plus satisfaisante au point de vue de la dépense et du temps.

L'actionnaire. — Le domaine du Ouady était af-
fermé pour une somme de 150,000 francs pour l'année qui vient de s'écouler; le revenu n'a été en définitive que de 118,000 francs. Cette diminution a été
faite aux fermiers par l'administration, vu le man-
que d'eau pour l'irrigation. Cette disette d'eau n'est
elle pas le résultat du non-achèvement du canal
d'eau douce allant du Caire au Ouady, concédé au
Pacha d'Égypte pour être terminé le 1er mars 1865?
N'y aurait-il pas droit à une indemnité à réclamer à
S. A. le Pacha pour la perte subie par la Compagnie,
et quand le canal sera-t-il fini?

M. de Lesseps. — Il y a une erreur dans votre question; la différence entre le revenu de 1864 et les nouveaux baux faits avec les fermiers est plus considérable que celle que vous venez de signaler. Les comptes
présentés ont donné en 1864 un résultat liquide de
118,000 francs pour le Ouady et un revenu brut de
150,000 francs; l'écart ne provient que de l'impôt,
par conséquent, il n'y a rien à dire sur ce point.
Mais pour vous faire apprécier les avantages   d

l'acquisition de cette propriété, je vous rappellerai qu'à l'expiration des trois années de la première période. M. Guichard, notre administrateur, a renouvelé les baux avec les mêmes fermiers non plus au prix de 150,000 francs, mais de 500,000. Le Nil ayant baissé d'une façon extraordinaire et le vice-roi devant nous fournir par les canaux intérieurs une quantité d'eau déterminée pour l'alimentation d'eau douce jusqu'à Suez, il en est résulté que les cultivateurs ont été privés de l'eau sur laquelle ils comptaient pour irriguer leurs terres. Cette mesure générale a imposé à tous les agriculteurs des territoires entre le Caire et Zagazig une charge qui a frappé la Compagnie ainsi que tous les autres propriétaires. Nous avons profité comme Compagnie de cette situation qui nous permettait d'exécuter nos travaux, nous en avons souffert comme propriétaires. Nous ne pouvons pas comme propriétaires du Ouady invoquer notre situation de Compagnie ayant droit à telle quantité d'eau qui devait nous être fournie par le vice-roi ; et comme agriculteurs , ayant acheté une propriété, nous devons être soumis à toutes les charges du pays. Dans cette situation, il était juste de tenir compte à nos fermiers du cas de force majeure qui rendait improductives une partie des terres que nous leur avions affermées et de ne pas exiger d'eux l'augmentation des fermages. Grâce à cette mesure de toute équité, la population, qui sous notre administration s'était élevée de 4 à 11,000 hommes, s'est maintenue; une bonne partie des terres seront cultivées sinon en coton, du moins en maïs et autres céréales, etc. Nous n'en retirerons pas le prix des nouveaux baux, mais nous en retirerons au moins celui des années précédentes.

Lorsque nous avons fait ces nouveaux baux, nous comptions, je le répète, sur un arrosage plus prochain de la partie du canal à la charge du vice-roi ; le choléra et d'autres événements en ont retardé l'exécution ; en attendant, nous devons, comme propriétaires, nous soumettre aux lois du pays, et ne pas mériter le reproche d'étrangers profitant de leur situation d'étrangers pour se soustraire à ces lois. (Très-bien ! très-bien !)

L'actionnaire. — Les écluses que la Compagnie fait exécuter au canal d'eau douce entre Ismaïlia et Suez, en détournant provisoirement la ligne du canal sur cette partie pour faciliter ces travaux en vue de la petite navigation projetée, seraient-elles nécessaires si le canal du Caire était fini ?

M. de Lesseps. — Ces écluses sont nécessaires. Du reste, il faut que vous sachiez que la sentence de l'Empereur nous a alloué 10 millions pour achever le canal, et que dans cette indemnité le prix des écluses a été compris. Nous devons exécuter les travaux prévus par la commission internationale.

Il y a deux écluses principales : l'une devant la ville d'Ismaïlia, et l'autre un peu plus loin, au point de jonction avec le canal maritime. Ce sont des ouvrages considérables et très-bien faits.

Il y a une autre grande écluse à Suez empêchant l'eau douce de se perdre dans la mer Rouge. Ces trois écluses sont de nécessité absolue pour le passage et pour racheter les différences de niveau entre le canal et le bassin de la mer Rouge.

Outre les trois écluses principales, il y en a trois autres, moins importantes, entre Nefiche et Suez qui étaient également comprises dans le projet de nos ingénieurs, parce que ce travail a été jugé nécessaire. Sans ces trois écluses, la navigation du canal d'eau douce serait parfois très-difficile. Dans un parcours de 80 kilomètres, il y aurait danger à n'avoir qu'un seul bief. Le vice-roi, en s'engageant à nous donner un minimum de 2 mètres et demi dans les hautes eaux, et de 1 mètre dans le plus bas étiage, nous ne pouvons maintenir le canal pendant les basses eaux à une profondeur supérieure à 1 mètre, qu'au moyen de retenues faites par ces trois écluses, dont l'une est à 15 kilomètres de Nefiche, l'autre à 42 kilomètres, et la troisième à 68 kilomètres.

En outre, s'il se produisait, dans un parcours si étendu, des ruptures de berge, comme nous n'avons pas de populations dans le désert pour les réparer immédiatement, nos ingénieurs ont jugé qu'avec trois écluses, s'il y avait un accident, on pouvait plus facilement y remédier. L'utilité de ces travaux est incontestable, et c'est à ce titre qu'ils ont été rendus obligatoires.

L'actionnaire. — Dans le cas où l'administration serait obligée, après le versement des neuf et dix dixièmes qui restent à appeler pour la libération des actions, d'émettre des obligations garanties sur le capital restant des 84 millions accordés à la Compagnie pour indemnité par la sentence impériale, et payables par le Pacha en seize ans sans intérêts, les conséquences des émissions seraient-elles à la charge de la Société ou à la charge de Son Altesse? Seraient-elles comme les premières qui émanaient du Trésor égyptien pour couvrir les versements dus sur les titres appartenant au vice-roi? L'émission, à cette époque, était à ses risques et périls.

M. de Lesseps. — La Compagnie est dans une position financière qui permet au Conseil d'administration de ne pas s'occuper actuellement de la négociation de celles de ses indemnités à long terme; car il ne faut pas perdre de vue que par l'échelonnement des échéances et le remboursement des 10 millions pour le canal d'eau douce, nous aurons au 1er novembre 1868 successivement touché environ 40 millions, ou près de moitié du total de notre indemnité; quant à une émission supposée d'obligations, les frais évidemment ne peuvent concerner le vice-roi.

Un autre actionnaire. — La Compagnie a jugé convenable de résilier le marché qu'elle avait conclu avec M. Hardon, moyennant un dédit de 1,200,000 francs et une indemnité de 600,000 francs; il a fallu un motif bien grave pour cela.

M. de Lesseps. — M. Hardon a beaucoup fait. A une époque où aucun entrepreneur ne se présentait, il s'est très-résolûment chargé du commencement de nos opérations ; il a recruté un personnel d'élite, des hommes vigoureux, énergiques, qui ont été appelés à juste titre les pionniers, les zouaves de notre entreprise. Par suite de circonstances qui ont été développées dans le rapport, une résiliation était devenue nécessaire.

Nous avons dû prendre en grande considération les services que cet entrepreneur nous avait rendus, de plus, nous avions des obligations à remplir vis-à-vis de lui.

Aux termes de l'article 24 du traité qui nous liait réciproquement, nous avions le droit d'en faire cesser l'effet le jour où il nous plairait, en lui notifiant une simple déclaration de résiliation, à la condition de lui payer une indemnité de 1,200,000 francs, parce qu'il y a des circonstances où 1,200,000 francs font gagner des millions, plus le montant des économies et bénéfices qui lui étaient acquis. Il s'était engagé par son traité à exécuter nos travaux de déblais à des prix inférieurs à ceux arrêtés par nos ingénieurs et il avait 40 0/0 sur ces économies. Il y avait ensuite divers travaux accessoires qu'il ne pouvait pas prendre à sa charge et pour lesquels il avait une commission, comme les architectes qui dirigent la construction d'un édifice.

On a beaucoup attaqué M. Hardon, on l'a fait

sans justice, et c'est pour moi un devoir de le défendre ici et partout.

Donc, M. Hardon a reçu la rémunération obligatoire à laquelle nous nous étions engagés. Avant la signature du contrat, nous avions fait avec notre conseil judiciaire, présidé par M. Sénard, le compte de l'indemnité qu'il était équitable de lui allouer en cas de la résiliation signifiée par la Compagnie, dans le cours de travail, et c'est d'après une évaluation motivée qu'on avait fixé le chiffre de 1,200,000 francs de dédit, somme égale à celle de son cautionnement. Quant à la somme de 600,000 francs, elle correspondait au montant de la commission que nous lui devions pour les travaux accessoires, en régie fixe, et qui n'entraient pas dans la régie intéressée.

Un actionnaire. — Quels sont les travaux qui ont été exécutés dans le grand canal ?

M. de Lesseps. — On a enlevé à peu près 12 millions de mètres cubes, pour le canal maritime. Nous avons amené l'eau du Nil en quantité suffisante pour alimenter la population de Port-Saïd qui est de 6 à 7,000 habitants ; nous avons construit des ateliers considérables, échelonnés sur divers points de l'isthme ; nous y avons réuni un matériel énorme.

Selon moi, tout considéré, ce que nous avons fait égale, s'il ne dépasse pas, ce que nous avons à faire.

Un actionnaire. — Voudriez-vous nous montrer

sur la carte les travaux exécutés et ceux qui restent à exécuter ?

M. de Lesseps. — Très-volontiers.

Nous avons fait à Port-Saïd, près de la mer, un appontement pour le déchargement des navires. Cet appontement est de 260 mètres ; et comme il était essentiel de fournir un mouillage à des bâtiments de 4 à 500 tonneaux, nous avons fondé en mer un îlot. Cet îlot se relie de plus en plus à la plage par des pierres ou blocs artificiels, qu'exécute en ce moment M. Dussaud, avec de la chaux et du sable. Ces blocs ont 10 mètres cubes et pèsent 20,000 kilogrammes. Il y en a en ce moment 2,000 qui ont séché pendant trois mois et qui sont prêts à être immergés. Dans peu de temps, tout l'intervalle entre l'appontement et l'îlot sera comblé, et avant la fin de l'année nous aurons complété une jetée de 1,500 mètres. Nos ateliers peuvent fournir 35 de ces blocs par jour, soit 8,400 dans l'année.

De Port-Saïd à Kantara, nous avons 44 kilomètres de longueur endigués en toute largeur. Ce travail, qui était très-difficile, est maintenant effectué.

Nous avons, depuis Ismaïlia, c'est-à-dire sur un parcours de 84 kilomètres, placé des tuyaux de fonte sur les berges, ce qui prouve que les berges sont continues et n'ont pas la fragilité qu'on leur supposait. Les machines à distiller, que nous gardons par précaution, n'ont pas fonctionné une seule fois depuis que cette conduite est établie.

De plus, il y a sur les berges des grues qui pèsent 30 tonnes ou 30,000 kilogrammes, et ces berges restent inébranlables.

Après le parcours des 44 kilomètres du lac Menzaleh, nous avons le même travail exécuté dans les lacs Ballah jusqu'au 62ᵉ kilomètre.

Dans cette première partie du canal maritime tout est donc assez avancé pour recevoir les grandes dragues de MM. Borel et Lavalley, qui doivent l'approfondir jusqu'à 8 mètres.

A partir du 62ᵉ kilomètre commence le lot de M. Couvreux.

Nous arrivons au lac Timsah. Ce lac sera complétement rempli vers le mois d'août ou le mois de mai, et ce sera un résultat important, parce que l'eau parviendra par les tranchées déjà faites et qui sont à sec actuellement jusqu'au Sérapéum.

Nous entrons dans les lacs Amers, qui faisaient autrefois partie de la mer Rouge, dont ils constituaient l'extrémité nord. Ce qui le prouve, c'est que dans la partie est, où nous avons fait des sondages, nous avons trouvé 2 mètres de sel marin cristallisé. La mer y a donc séjourné, et l'évaporation s'est faite successivement. C'est pour cela qu'on a donné à ces bassins le nom de lacs Amers.

Les anciens, qui avaient fait, non pas un canal maritime de la Méditerranée à la mer Rouge, mais un canal du Nil à la mer Rouge, avaient, en partant de l'ancienne Bubaste, aujourd'hui Zagazig, amené ce canal dans les lacs Amers. De sorte que, dans l'ancien temps, l'eau douce n'arrivait pas à Suez; c'est nous qui, pour la première fois, y avons apporté l'eau du Nil. Apparemment, il n'y avait pas alors des ingénieurs assez expérimentés pour faire arriver l'eau jusqu'au niveau de la mer Rouge sur un parcours aussi considérable.

A l'extrémité sud des lacs Amers, à Suez, nous avons trouvé quelques bancs de roches, et c'est là qu'on fait une courbe pour les éviter. MM. Borel et Lavalley prennent en ce moment possession de cette partie du travail, qui n'était pas encore occupée.

Vous le voyez, Messieurs, tout est disposé pour l'achèvement de notre œuvre; nous avons le capital nécessaire, les ouvriers, les machines, il n'y a plus aucune inquiétude à avoir.

Un actionnaire. — Avez-vous des traités à tant le mètre et à forfait ?

M. de Lesseps. — A tant le mètre; il n'y a que quelques points exceptionnels, comme les terrains pierreux, par exemple, pour lesquels il n'a pas été possible de faire un forfait.

L'honorable M. Brosset, président de la chambre de commerce, me disait, ce matin : « Je puis vous assurer que les trois membres de la chambre de commerce de Lyon, qui ont visité vos travaux, les ont trouvé bien au-dessus de ce que vous nous en aviez dit. »

Messieurs, la Compagnie recherche toujours la vérité, et elle reste plutôt en deçà qu'elle ne va au-delà. (Bravo! bravo! Longs applaudissements.)

Les actionnaires entourent M. de Lesseps, le félicitent et le remercient.

J. SABBATIER,

Sténographe du Corps législatif.

IMPRIMERIE CENTRALE DES CHEMINS DE FER DE NAPOLÉON CHAIX ET Cᵉ. — PARIS.